アメリカを動かした演説

リンカーンからオバマまで

松本茂=監修
ジョージ・W・ゼーゲルミューラー=解説
柴田裕之+今泉真紀=訳

玉川大学出版部

はじめに

　オバマ氏が大統領候補になってから，氏の演説の巧みさにより，演説の可能性や重要性が見直されるとともに，日本では英語学習の対象として演説が再び脚光を浴びるようになった。そもそもアメリカ史上重要な人物が行った演説の多くは，顧問やスピーチ・ライターらとともに推敲を重ねてできあがっており，どれも洗練されていて，完成度が高い。国や国民を動かす力強いメッセージが含まれているケースも多い。これだけ演説の影響力が重要視されているのは，アメリカの「多文化共生」，「大統領制」という国の成り立ちが大きく関係しているであろう。

　また，アメリカでは，学問として演説を研究することも重要視されている。事実，コミュニケーション学の領域には「レトリック批評」という，演説など社会的に影響を及ぼしている言説を研究する分野が確立されている。現在，類書が多く出版されているにもかかわらず，この度本書を刊行することにしたのも，アメリカを動かした演説を選び出し，その背景の解説，そして演説そのものの解説をレトリック批評の専門家で，ディベート・コーチとしても有名なジョージ・W・ゼーゲルミューラー博士にお願いできたからである。博士の解説は，演説を深く理解するうえで大いに役立つことはもちろんのこと，コミュニケーション学やアメリカ史を学んでいる学生・研究者にも示唆に富む内容になっている。

　また，演説の訳は，翻訳家として数々の作品を世に出している柴田裕之氏にお願いできた。また，解説部分の翻訳および語注については，今泉真紀氏に担当していただいた。インターネットを活用することにより，オリジナルの音源がそれほど苦労せずに入手できる時代になったこともあり，本書にはCDやDVDなどをつけなかったが，解説および翻訳の質の高さにより，読み物として価値ある内容になっていると自負している。本書を読んで，アメリカを動かした演説の背景，演説の戦略，技法，語彙選択などを深く理解していただければ幸いである。

　最後に本書の刊行と編集の労を執っていただいた玉川大学出版部の森貴志氏，解説原稿の下訳をご担当いただいた田中真希子氏にお礼申し上げる。

2010年5月吉日　　　　　　　　　　　　　　　　　　　監修者　松本　茂

目　次

はじめに　　iii

1　Abraham Lincoln　　　　　　　　　　　ゲティスバーグ演説　　3
government of the people, by the people, for the people
人民の，人民による，人民のための政治

2　Martin Luther King　　　　　　　　　　わたしには夢があります　　11
Now is the time to make real the promises of democracy.
今こそ民主主義が約束するものを現実化すべきときである。

3　John F. Kennedy　　　　　　　　　　　大統領就任演説　　29
ask not what your country can do for you—ask what
you can do for your country
アメリカが皆さんに何ができるかを問う代わりに，皆さんが
アメリカのために何ができるかを問う

4　Patrick Henry　　　　　　　　　　　　自由を，さもなくば死を！　　45
give me liberty or give me death!
われに自由を，さもなくば死を！

5　George Washington　　　　　　　　　　告別の辞　　59
It is our true policy to steer clear of permanent alliances with
any portion of the foreign world
外部世界のいずれの地域とも，永続的な同盟を結ばないのが
われわれの真の国策である

6　Franklin D. Roosevelt　　　　　　　　第一回大統領就任演説　　107
the only thing we have to fear is fear itself
われわれが唯一恐れなければならないのは，恐れそのものである

v

7 Ronald W. Reagan — カリフォルニア商工会議所での演説 — 127
It's time we ended our obsession with what is wrong and realized how much is right
何が間違っているか思い悩むのをやめ，いかに多くが正しいかを理解する

8 Bill Clinton — 大統領就任演説 — 161
There is nothing wrong with America that cannot be cured by what is right with America
アメリカの良い面をもってすれば，アメリカが抱える問題で解決できないものなどない

補遺 Barack H. Obama — より良き明日への希望 — 181
Yes we can.
われわれにはできる（イエス・ウィ・キャン）。

アメリカを動かした演説
──リンカーンからオバマまで──

1 アブラハム・リンカーン
ゲティスバーグ演説

Abraham Lincoln

"government of the people,
by the people, for the people"

人民の，人民による，人民のための政治

Abraham Lincoln (1809-1865) 第16代アメリカ合衆国大統領。初の共和党からの大統領。弁護士，イリノイ州議員などを経て大統領に当選。奴隷解放宣言を発布したことで知られ，奴隷解放の父とも呼ばれる。

演説の背景

　大英帝国による植民地支配から独立を果たして100年も経たないうちに，アメリカ合衆国は破壊的な南北戦争によって脅かされた。この戦争は，国を二分しただけでなく，兄弟どうし，友人どうしを戦わせるという悲劇を招いた。国家を分離させた問題の中心は，黒人の奴隷制度であった。そもそも北部では浸透することのなかった奴隷制度であったが，1861年までには道徳的に反感を呼ぶものとして北部全州において廃止されていた。しかし，南部ではこの制度が慣習化しており，黒人奴隷たちは綿農園やプランテーション農園に必要不可欠な存在となっていた。ワシントン連邦政府が，奴隷制度を全国的に廃止することを恐れた南部の州は，1861年4月，合衆国からの独立を宣言，それに続いて起こった南北戦争は，4年もの間続いた。
　この戦争の大きな転換期となったゲティスバーグの戦いは，1863年7月1日の朝に始まり，7月3日に南部軍の退却で終結した。北部諸州の死傷者や捕虜の数は2万人以上にのぼった。
　ゲティスバーグの戦いの数週間後，戦場を国立墓地にしようという動きが生まれ，土地の購買のために市民委員会が結成された。献呈式典は1863年11月19日に予定され，当日の名高い演説者のひとりとして，著名な政治家であったエドワード・エバレットが主賓として招待された。当初，リンカーン大統領の演説は予定されていなかったのだが，大統領が式典に出席する意志があると伝えた際に簡単な挨拶を依頼された。戦争の指揮をするのに手一杯であったリンカーンには，演説を準備する時間はほとんどなかったものの，前夜にはゲティスバーグのホストの家で，数行の草稿を注意深くかつ熱心に作成した。
　議員，外務大臣，各州知事，長官，将校など，1万5千人以上（3万〜5万人とも言われている）が，当日の早朝，共同墓地の丘（Cemetery Hill）に集った。式典は正午に，まず祈祷から始まった。そしてエバレット氏が紹介され，2時間に及ぶ演説を行った。自信に満ちた落ち着いた様子で，南北戦争やゲティスバーグの戦いの詳細を語ったのち，ゲティスバーグで戦死した人々へ熱のこもった賛辞を送って演説を終えた。ボルチモア・グリー合唱隊がこの日のために特別に用意した歌を合唱したあと，司会者は聴衆に告げた。「アメリカ合衆国大統領です」　リンカーンはゆっくりと壇上にあがった。そして片手に持った2枚の原稿にときおり目をやりながら短い演説を行った。それは3分に満たない10行ほどのものであった。

歴代アメリカ大統領一覧

1	1789–1797	George Washington	（無）	23	1889–1893	Benjamin Harrison	（共党）
2	1797–1801	John Adams	（フ党）	24	1893–1897	Grover Cleveland	（民党）
3	1801–1809	Thomas Jefferson	（民共党）	25	1897–1901	William McKinley	（共党）
4	1809–1817	James Madison	（民共党）	26	1901–1909	Theodore Roosevelt	（共党）
5	1817–1825	James Monroe	（民共党）	27	1909–1913	William Taft	（共党）
6	1825–1829	John Adams	（民共党）	28	1913–1921	Woodrow Wilson	（民党）
7	1829–1837	Andrew Jackson	（民党）	29	1921–1923	Warren Harding	（共党）
8	1837–1841	Martin Buren	（民党）	30	1923–1929	Calvin Coolidge	（共党）
9	1841	William Harrison	（ホ党）	31	1929–1933	Herbert Hoover	（共党）
10	1841–1845	John Tyler	（ホ党）	32	1933–1945	Franklin D. Roosevelt	（民党）
11	1845–1849	James Polk	（民党）	33	1945–1953	Harry Truman	（民党）
12	1849–1850	Zachary Taylor	（ホ党）	34	1953–1961	Dwight Eisenhower	（共党）
13	1850–1853	Millard Fillmore	（ホ党）	35	1961–1963	John F. Kennedy	（民党）
14	1853–1857	Franklin Pierce	（民党）	36	1963–1969	Lyndon Johnson	（民党）
15	1857–1861	James Buchanan	（民党）	37	1969–1974	Richard Nixon	（共党）
16	1861–1865	Abraham Lincoln	（共党）	38	1974–1977	Gerald Ford	（共党）
17	1865–1869	Andrew Johnson	（民党）	39	1977–1981	Jimmy Carter	（民党）
18	1869–1877	Ulysses Grant	（共党）	40	1981–1989	Ronald W. Reagan	（共党）
19	1877–1881	Rutherford Hayes	（共党）	41	1989–1993	George H. W. Bush	（共党）
20	1881	James Garfield	（共党）	42	1993–2001	Bill Clinton	（民党）
21	1881–1885	Chester Arthur	（共党）	43	2001–2008	George W. Bush	（共党）
22	1885–1889	Grover Cleveland	（民党）	44	2009–	Barack H. Obama	（民党）

（無）　無所属　　　　Nonparty
（フ党）　フェデラリスト党　Federalist Party
（民共党）　民主共和党　　Democratic-Republican Party
（民党）　民主党　　　　Democratic Party
（ホ党）　ホイッグ党　　Whig Party
（共党）　共和党　　　　Republican Party

Abraham Lincoln

Gettysburg Address

Fourscore and seven years ago our fathers brought forth on this continent a new nation, conceived in liberty, and dedicated to the proposition that all men are created equal.

Now we are engaged in a great civil war, testing whether that nation, or any nation so conceived and so dedicated, can long endure. We are met on a great battlefield of that war. We have come to dedicate a portion of that field as a final resting-place for those who here gave their lives that the nation might live. It is altogether fitting and proper that we should do this. But, in a larger sense, we cannot dedicate, we cannot consecrate, we cannot hallow, this ground. The brave men, living and dead, who struggled here have consecrated it, far above our poor power to add or detract. The world will little note, nor long remember, what we say here, but it can never forget what they did here. It is for us the living, rather, to be dedicated here to the unfinished work which they who fought here have thus far so nobly advanced. It is rather for us to be here dedicated to the great task remaining before us—that from these honored dead we take increased devotion to that cause for which they gave the last full measure of devotion—that we here highly resolve that these dead shall not have died in vain—that this nation, under God, shall have a new birth of freedom and that **government of the people, by the people, for the people**, shall not perish from the earth.

ゲティスバーグ演説

　87年前，わたしたちの父祖は，この大陸に新しい国家を打ち立てました。自由の精神に根差し，万人は生まれながらにして平等であるという理念に捧げられた，新しい国家を。

　今，わたしたちは，大きな内戦のさなかにありますが，これは，わが国が，いや，わが国に限らず，このような自由の精神に根差し，このような理念に捧げられた国家が，永続できるかどうかが，試されているのにほかなりません。わたしたちは，この内戦の一大激戦地に，こうして集まっています。この国家が生き長らえるようにと，ここで命を投げ出した人々に，この戦場の一部を最後の安息の地として捧げるために，わたしたちはやって来たのです。こうすることは，まったく正しく，また適切でありましょう。しかし，もっと大きな意味においては，わたしたちは，この地を捧げることはできません。清めることもできません。神聖なものとすることもできません。生き残った者も，倒れた者も，ここで戦った勇者たちこそが，この地を聖域に変えたのであり，わたしたちの微々たる力では，それに加えることも，それから減じることも，できようはずがありません。わたしたちがここで口にすることは，ほとんど世に顧みられることもなければ，永く記憶されることもないでしょう。しかし，かの勇者たちがここで成したことは，決して忘れ去られることはありません。ここで戦った人々が，これまで立派に押し進めてきた未完の事業に，ここで身を捧げることこそ生き残ったわたしたちの使命です。わたしたちこそが，目の前に残された大事業に，ここで身を捧げるべきなのです。これは，名誉ある戦死者の意志を継ぎ，彼らが，最後の力をふりしぼり，身を捧げた大義に対して，いっそうの献身をするためであり，これらの勇者の死を無駄にしないと，ここで堅く決意するためであり，この国家が神のもとに新たに自由の誕生を迎えるためであり，また，**人民の，人民による，人民のための政治**が，この地上から滅び去ることがないようにするためであります。

Gettysburg「ゲティスバーグ」　ペンシルベニア州南部に位置する小さな町。南北戦争の決戦地。　[1] **Fourscore and seven years ago**「87年前」　scoreは20年の意。　[4] **a great civil war**「南北戦争」（The Civil War: 1861-1865）を指す。　[23] **government of the people, by the people, for the people**　聖書の序文から引用されたフレーズ。

Abraham Lincoln

演説の解説

　リンカーン大統領のゲティスバーグ演説は，英語で行われたもっとも精巧な演説のひとつであると考えられている。演説で伝えられたリンカーンの考え，吐露(とろ)された率直な心情，使われた詩的表現のひとつひとつが，この演説を「完璧な逸品」に仕上げている。

　リンカーン大統領は長い間奴隷制度に反対しており，西側の州へ奴隷制度を拡大することにも反発してきた。ゲティスバーグの戦いのほんの何か月か前には，奴隷解放宣言にも調印している。しかしリンカーンにとっては，奴隷問題自体よりも合衆国連邦を維持していくことのほうがより差し迫った問題であり，南北戦争や奴隷問題は，民主主義政府が本当に機能するのかどうかの試練であると考えていた。ゲティスバーグ演説の中で，リンカーンは平等への約束と民主的プロセスへの信念を表明している。南北戦争で数多くの人々が亡くなった原因を，自治政府や不平等にあるとし，奴隷制度や州権主義という狭い領域の問題を超越して，この戦いにより普遍的な意義を与えることに成功した。戦争の政治的目的に関する議論においては，党派的な立場をとらず，南部州が不条理なあるいは誤った目的を持っていたことを非難することはなかった。むしろ，北部・南部双方の多くの市民が重要であると認めるような価値——たとえ，その意義を異なって解釈し実行していたとしても——について述べた。リンカーンは，合衆国連邦の土台となっている基本原理を強調することによって，北部と南部を再びひとつの国家にするために必要な，和解への第一歩を踏み出すことを望んでいた。自由と平等というアメリカン・ドリームの実現のために再び人生を捧げること，そしてその意思を守り高めていくために，あらゆる犠牲を払うことを決意するよう聴衆に求めている。

　このような政治的な目的を持つ演説であったが，演説全体のトーンが適度に厳粛で，率直な心情が伝わるものであったからこそ，墓地での式典にふさわしいものになったと言えるだろう。

　愛する家族を失う悲しみはリンカーン自身がよく理解していた。リンカーンは，息子ウイリィーをほんの数か月前に亡くしており，末息子のタッドはこのとき重病を患っていたのである。戦争の当初からリンカーンは，戦死者に思いを馳せて苦しんでおり，遺族の悲嘆に対しても大変に敏感であった。「名誉ある死を遂げた者」について語るとき，リンカーンは当時ほかの演説者がよく使ったような，長々とした華やかな餞(はなむけ)のことばを使うのを避けている。その代わり

に,「戦って亡くなった戦士たち」と簡潔に述べ,逆に彼らの献身を加減するようなことばの不十分さで名誉を称えている。

　ゲティスバーグ演説のもっとも顕著な特徴は,その文体にある。リンカーン大統領の演説が行われた前にも後にも,大勢が同じような考えや感傷を表しているが,リンカーンのように簡潔で直接的でありながら,説得力のある演説を行った者はいない。リンカーンは幼少時代に正式な教育を受けておらず,家族が所有していたのはおそらく聖書だけだったと思われる。それを徹底的に読み尽くしていたことが,リンカーンの表現の美しさや簡潔さに影響している。文体の詩的美は,初めのことばからも読み取れる。"Eighty seven years ago, our leaders created a new system of government."(87年前,わたしたちの指導者が新しい政治体制を築いた)と始めてもよかったが,その代わりに,同様に簡潔でありながら,より威厳のあることばを選んでいる。文調は高揚したものであったが,華やかでも大げさでもなかった。最初から最後まで効率的ですぐれた文体である。「今,わたしたちは,大きな内戦のさなかにありますが,……。わたしたちは,この内戦の一大激戦地に,こうして集まっています。……しかし,もっと大きな意味においては,わたしたちは,この地を捧げることはできません。……ここで身を捧げることこそ生き残ったわたしたちの使命です」　このようにそれぞれの意見のまとまりは簡潔で,次から次へと滑らかに流れる。演説の全体的な構造は簡潔で直接的であるが,個々の文には修飾的な文体が見られる。特に注目すべき点は,「人民の,人民による,人民のための政府」のような並列構造を使用したことである。このような文法的な並列形式を用いることにより,自らの考えを豊かにし,深めながら,同時に演説を旋律的なものにしている。

Abraham Lincoln

2　マーティン・ルーサー・キング
　　わたしには夢があります

Martin Luther King

**"Now is the time to make real
the promises of democracy."**

今こそ民主主義が約束するものを現実化すべきときである。

Martin Luther King（1929–1968）プロテスタント・バプテスト派の牧師で，公民権法運動の指導者。ガンジーに強い影響を受け非暴力主義を貫いた。1964年ノーベル平和賞受賞。テネシー州メンフィスにて暗殺される。

演説の背景

　南北戦争終結後，アメリカ合衆国憲法修正第14条によってアフリカ系アメリカ人に市民権が認められる運びとなった。しかし，このような保証ができたにもかかわらず，黒人の社会参加には，形式的にも日常的にも障壁が残っていた。

　1950年代後半から1960年代初頭にかけて，黒人によるプール，公園，レストラン，ホテル，学校，その他の公共施設の利用を禁じていた自治体の条例に，アフリカ系アメリカ人が異議を唱え始めた。1955年には，アラバマ州モントゴメリーの黒人たちが，公共の乗り物への乗車を拒否するボイコット運動を行った。1年にわたるボイコットの末，1956年，連邦最高裁は公共バスでの人種隔離条例は違憲であるとの判決を下し，また1957年には，白人の公立校に黒人の入学は認められないと定めていた条例を撤廃する決定をした。これに伴い，1957年，そして1962年と1963年には，公立の学校や大学において人種統合を実施するために，軍隊が出動した。この間，黒人のリーダーたちは，アフリカ系アメリカ人やリベラル派の白人を集め，差別的な法律および行為に対するボイコット運動やデモ行進を続けていた。

　アラバマ州モントゴメリーにおいて著名な黒人聖職者であったキング牧師は，このような抗議運動を率いる国民的指導者のひとりとなった。キング牧師は，非暴力主義を固く貫く人物で，集団による平和的なデモを行うことにより，黒人同胞が直面している理不尽な状況に白人社会が気づくはずだと強く信じていた。当時のアメリカ合衆国大統領ジョン・F・ケネディは，新しい公民権法を打ち出して，黒人が要求する人種的平等の拡大に応じるよう努めた。そしてこの公民権法を通過させるよう議会を説得することを目的として，ワシントンでの大行進が計画されたのだった。

　デモ行進の予定日の何日も前から，25万人もの支持者がワシントンに押し寄せた。米国の歴史上最大の抗議運動となることが見込まれており，さらにその模様が全米にテレビ放送されることによって，影響力は何倍にもなることが予想された。1963年8月28日の朝，ジョージ・ワシントン像の周りに集まった人々は，リンカーン・メモリアルまでの1マイル（約1.6キロ）ほどの距離を，聖歌を詠唱しながら歩いた。おびただしい数の人間が参加したにもかかわらず，身体的な暴力行為が一件もなかったことは，非暴力主義の完全勝利であった。

「星条旗」の国歌斉唱で午後1時から式典が始まった。黒人指導者たちは，それぞれ8分ずつの時間を与えられていた。聴衆は熱狂しており，なかには聴衆をさらに昂奮させる演説を行った者もいた。しかし，最後の演説者であるキング牧師が壇上にあがった午後3時には，聴衆はすでに疲労し，集中を切らしているようであった。
　前の晩，キング牧師と相談役の面々はスピーチ原稿の作成に労を割いた。委員会から時間の制限を課せられていたため，人々の記憶に残り，かつ意義深い原稿を書くのはことさら難しかった。多くの黒人聖職者に倣い，キング牧師は用意した原稿をとりあえずの骨子とし，あとは話しながら「神の思し召しに従って」演説を行うことを決めた。

Martin Luther King

I Have a Dream

I am happy to join with you today in what will go down in history as the greatest demonstration for freedom in the history of our nation.

Five score years ago, a great American, in whose symbolic shadow we stand today, signed the Emancipation Proclamation. This momentous decree came as a great beacon light of hope to millions of Negro slaves who had been seared in the flames of withering injustice. It came as a joyous daybreak to end the long night of their captivity. But one hundred years later, we must face the tragic fact that the Negro still is not free. One hundred years later, the life of the Negro is still sadly crippled by the manacles of segregation and the chains of discrimination.

One hundred years later, the Negro lives on a lonely island of poverty in the midst of a vast ocean of material prosperity. One hundred years later, the Negro is still languished in the corners of American society and finds himself an exile in his own land. So we have come here today to dramatize a shameful condition.

In a sense we have come to our nation's capital to cash a check. When the architects of our republic wrote the magnificent words of the Constitution and the Declaration of Independence, they were signing a promissory note to which every American was to fall heir.

This note was a promise that all men, yes, black men as well as white men, would be guaranteed the unalienable rights of life, liberty, and the pursuit of happiness.

わたしには夢があります

　自由を求める米国史上最大のデモンストレーションとして歴史に残るであろう，きょうの集いに，こうして皆さんとともに参加することができて，わたしは光栄です。

　100年前，ひとりの偉大なアメリカ人が──わたしたちは今，その人の象徴的な影の中に立っているわけですが──あの奴隷解放宣言に署名しました。この重大な宣言は，壊滅的な不公正の炎の中で焼き焦がされてきた何百万もの黒人奴隷にとって，希望の灯となりました。長い囚われの夜の終わりを告げる，喜びの暁となったのです。しかし，それから100年後の今もなお，黒人は自由でないという悲しい現実が，わたしたちの目の前に立ちはだかっています。100年を経た今もなお，人種隔離の手枷（てかせ）と人種差別の鎖によって，黒人の生活は悲しいまでに歪められています。

　100年過ぎた今もなお，黒人は，物質的繁栄の広大な海のただなかに浮かぶ，貧困という孤島で暮らしています。100年の歳月が流れた今もなお，黒人はアメリカ社会の底辺で喘ぎ，自らの故郷で流民の境遇にあります。だからこそ，きょう，わたしたちはここに集まり，この，目を覆いたくなるような惨状を劇的に訴えるのです。

　わたしたちは，小切手を換金しに，この国の首都へやって来たと言えるかもしれません。わたしたちの建国の祖は，あの憲法と独立宣言のすばらしい文章を書いたとき，同時に，すべてのアメリカ人を相続人とする約束手形にも署名したのです。

　この手形は，あらゆる人間に，そう，白人だけでなく黒人にも，生命と，自由と，幸福の追求という三つのかけがえのない権利を保証するものでした。

---

⁴ **Five score years ago**「100年前」 scoreは20年の意。　**a great American** アブラハム・リンカーンを指す。　⁵ **the Emancipation Proclamation**「奴隷解放宣言」 1862年9月に発布された。　²¹ **the Declaration of Independence**「独立宣言」 1776年7月7日に13の植民地が独立を宣言した文書。　²⁵ **unalienable rights to life, liberty, and the pursuit of happiness** 独立宣言の前文に挙げられた不可侵の権利。

Martin Luther King

It is obvious today that America has defaulted on this promissory note insofar as her citizens of color are concerned. Instead of honoring this sacred obligation, America has given the Negro people a bad check—a check which has come back marked "insufficient funds."

But we refuse to believe that the bank of justice is bankrupt. We refuse to believe that there are insufficient funds in the great vaults of opportunity of this nation. So we have come to cash this check—a check that will give us upon demand the riches of freedom and the security of justice.

We have also come to this hallowed spot to remind America of the fierce urgency of now. This is no time to engage in the luxury of cooling off or to take the tranquilizing drug of gradualism.

Now is the time to make real the promises of democracy.

Now is the time to rise from the dark and desolate valley of segregation to the sunlit path of racial justice.

Now is the time to open the doors of opportunity to all of God's children.

Now is the time to lift our nation from the quicksands of racial injustice to the solid rock of brotherhood.

It would be fatal for the nation to overlook the urgency of the moment and to underestimate the determination of it's the Negro. This sweltering summer of the Negro legitimate discontent will not pass until there is an invigorating autumn of freedom and equality. Nineteen sixty-three is not an end, but a beginning. Those who hope that the Negro needed to blow off steam and will now be content will have a rude awakening if the nation returns to business as usual.

しかし今日，有色人種の国民に関するかぎり，アメリカがこの約束手形の支払い義務を怠ってきたことは，はっきりしています。この神聖な義務を果たす代わりに，アメリカは黒人に不渡り手形を渡し，この手形は「残高不足につき換金不能」というスタンプを押されて戻ってきました。

　しかし，正義という名の銀行が破産したなどとは，とうてい信じられません。機会に満ちたこの国の大金庫が残高不足とは，まったく考えられません。だからこそ，わたしたちはこの手形を換金しに来たのです。自由の恵みと公正の保障とを求めに応じて与えてくれる，この手形を。

　わたしたちが，この神聖な場所にやって来たのは，現在，事態がどれだけ急を要しているかをアメリカ国民に理解してもらうためでもあります。今は，のんびりと冷却期間を置いたり，漸進主義の鎮静剤を飲むようなぜいたくをしているときではありません。

　今こそ民主主義が約束するものを現実化すべきときです。

　今こそ人種差別の暗くわびしい谷を抜け，差別のない公正な，陽光の降り注ぐ道へと登って行くときです。

　今こそ神の子どもたちすべてに可能性の扉を開くときです。

　今こそわたしたちの国を，人種差別の流砂から友愛の確固たる岩盤の上へ引き揚げるときです。

　この国が，現在の差し迫った状態を見過ごし，黒人の決意を過小評価すれば，命取りになるでしょう。黒人たちの不満は正当なものであり，その不満にあふれた，うだるようなこの夏は，自由と平等の爽やかな秋が訪れるまで，過ぎ去ることはありません。1963年はゴールではなくスタートの年です。黒人たちは，たまりにたまった鬱憤を晴らしてしまえば，気がすむだろうなどと，甘い期待を抱いている人々は，このまま国全体がもとどおりの生活に戻ったりすれば，頭から冷水を浴びせられることになるでしょう。

---

15 **Now is the time to** ～ 「今こそ～すべきときです」 並列法を使った強調表現。

There will be neither rest nor tranquility in America until the Negro is granted his citizenship rights. The whirlwinds of revolt will continue to shake the foundations of our nation until the bright day of justice emerges.

But there is something that I must say to my people who stand on the warm threshold which leads into the palace of justice. In the process of gaining our rightful place we must not be guilty of wrongful deeds. Let us not seek to satisfy our thirst by drinking from the cup of bitterness and hatred.

We must forever conduct our struggle on the high plane of dignity and discipline. We must not allow our creative protest to degenerate into physical violence. Again and again we must rise to the majestic heights of meeting physical force with soul force. The marvelous new militancy which has engulfed the Negro community must not lead us to a distrust of all white people, for many of our white brothers, as evidenced by their presence here today, have come to realize that their destiny is tied up with our destiny and their freedom is inextricably bound to our freedom. We cannot walk alone.

And as we walk, we must make the pledge that we shall always march ahead. We cannot turn back. There are those who are asking the devotees of civil rights, "When will you be satisfied?"

We can never be satisfied as long as the Negro is the victim of the unspeakable horrors of police brutality.

We can never be satisfied as long as our bodies, heavy with the fatigue of travel, cannot gain lodging in the motels of the highways and the hotels of the cities.

We cannot be satisfied as long as the Negro's basic mobility is from a smaller ghetto to a larger one.

黒人が市民権を保障されるまで，アメリカには安息も平穏もありません。正義の晴間が広がる日が来るまで，反乱の嵐はこの国の基盤をゆさぶり続けることでしょう。

　しかし，公正の殿堂へと続く暖かい戸口に立っている親愛なる皆さんに，言っておかなければならないことがあります。わたしたちにふさわしい地位の獲得を目指すとき，道を外れた行いをしてはなりません。敵意と憎しみの杯に口をつけることで，自由に対する渇きをいやそうとするのはやめましょう。

　この戦いは，いつの日にも品位と規律ある気高い場で繰り広げなければいけません。わたしたちの建設的な抗議行動を，暴力行為におとしめてはならないのです。倒れても倒れても，立ち上がって堂々と高みに登り，腕の力には魂の力で対抗しなければなりません。黒人社会をのみ込んだ，驚くほど好戦的な新しい流れに乗せられて，すべての白人に不信を抱いてはなりません。なぜなら，わたしたちの白人同胞の多くは，きょうこの集会へ参加してくれたことを見てもわかるように，彼らの運命がわたしたち黒人の運命とひとつになっていること，彼らの自由がわたしたちの自由と切り離せないことに，気づいてくれたからです。わたしたちは，自分たちだけでは歩いて行けません。

　そして，わたしたちは歩みを続ける以上，前へ向かって進んで行くことを誓わなければなりません。引き返すことはできないのです。熱心な市民権運動家に，こう尋ねる人がいます。「いつになったら気がすむのですか？」と。

　わたしたちは決して満足することはないのです。黒人が，口にするのもはばかられるほど恐ろしい警察の蛮行の犠牲になっているかぎり。

　わたしたちは絶対満足することはないのです。旅に疲れ切った重い体を，道端のモテルや街中のホテルで休めることが許されない間は。

　わたしたちは満足することはないのです。向上を目指す黒人にとって，小さなゲットーから大きなゲットーへ移るのが精一杯である間は。

---

[30] ghetto「ゲットー」　貧民街を指す。

We cannot be satisfied as long as a Negro in Mississippi cannot vote and a Negro in New York believes he has nothing for which to vote.

No, no, we are not satisfied, and we will not be satisfied until justice rolls down like waters and righteousness like a mighty stream.

I am not unmindful that some of you have come here out of great trials and tribulations. Some of you have come fresh from narrow jail cells. Some of you have come from areas where your quest for freedom left you battered by the storms of persecution and staggered by the winds of police brutality. You have been the veterans of creative suffering. Continue to work with the faith that unearned suffering is redemptive.

Go back to Mississippi, go back to Alabama, go back to South Carolina, go back to Georgia, go back to Louisiana, go back to the slums and ghettos of our modern cities, knowing that somehow this situation can and will be changed. Let us not wallow in the valley of despair.

I say to you today, my friends, even though we face the difficulties and frustrations of the moment. I still have a dream. It is a dream deeply rooted in the American dream.

I have a dream that one day this nation will rise up and live out the true meaning of its creed: "We hold these truths to be self-evident; that all men are created equal."

I have a dream that one day on the red hills of Georgia the sons of former slaves and the sons of former slaveowners will be able to sit down together at the table of brotherhood.

わたしたちは断じて満足することはないのです。ミシシッピの黒人が投票権を持たず，ニューヨークの黒人には投票したいと思うようなことがない間は。

　そうです，わたしたちはまったく満足していないのです。これからも満足することはありません。公正が大河のように，正義が奔流のように，とうとうと流れ出すまでは。

　皆さんの中に，たいへんな試練や苦難を乗り越え，ここにやって来た人がいるのは十分承知しています。刑務所の狭い牢から出たその足で，ここに来た人もいるでしょう。人々が自由を追求したがために迫害の嵐に打ちのめされ，警察の残忍な扱いの強風に翻弄されている地域から来た人もいるでしょう。皆さんは，これまで産みの苦しみに耐え抜いてきました。いわれもなく被った苦難は，あがなわれることを信じて，努力を続けてください。

　ミシシッピへ戻りましょう。アラバマへ戻りましょう。サウス・カロライナへ戻りましょう。ジョージアへ戻りましょう。ルイジアナへ戻りましょう。この国の近代的な都市の中にあるスラムやゲットーへ戻りましょう。このような状態は，必ず改善できる，改善されると信じて。絶望の淵でのたうつのはやめましょう。

　きょう，わたしの友である皆さんに申し上げたい。現在，苦難や障害に直面してはいるものの，わたしには依然，夢があります。それはアメリカの夢（アメリカン・ドリーム）に深く根づいた夢です。

　わたしには夢があります。いつの日か，この国の民が立ち上がり，「われわれは，これらの真理を自明のものとする。すなわち，万人は生まれながらにして平等である」という，この国の信条が真に意味するとおりに生きるようになる，という夢が。

　わたしには夢があります。いつの日か，ジョージアの赤茶けた丘の上で，かつての奴隷の子孫と，かつての奴隷の主人の子孫とが，兄弟のように仲良く並んでテーブルにつく，という夢が。

Martin Luther King

I have a dream that one day even the state of Mississippi, a state sweltering with the heat of injustice and oppression, will be transformed into an oasis of freedom and justice.

I have a dream that my four little children will one day live in a nation where they will not be judged by the color of their skin but by the content of their character.

I have a dream today.

I have a dream that one day the state of Alabama, whose governor's lips are presently dripping with the words of interposition and nullification, will be transformed into a situation where little black boys and black girls will be able to join hands with little white boys and white girls and walk together as sisters and brothers.

I have a dream today.

I have a dream that one day every valley shall be exalted, every hill and mountain shall be made low, the rough places will be made plains, and the crooked places will be made straight and the glory of the Lord shall be revealed and all flesh shall see it together.

This is our hope. This is the faith that I will go back to the South with. With this faith we will be able to hew out of the mountain of despair a stone of hope.

With this faith we will be able to transform the jangling discords of our nation into a beautiful symphony of brotherhood.

わたしには夢があります。いつの日か、ミシシッピでさえ、不公正と圧制の猛暑で焼けつくような、あの砂漠の州でさえ、自由と正義のオアシスに姿を変える、という夢が。

わたしには夢があります。わたしの幼い四人の子どもたちが、いつの日か、皮膚の色ではなく人柄で判断される国で暮らすようになる、という夢が。

きょう、この日、わたしには夢があります。

わたしには夢があります。今、アラバマ州知事の口からは、州権優位と連邦法効力拒否のことばがあふれ出ていますが、そのアラバマ州がいつの日か、小さな黒人の少年少女と小さな白人の少年少女が、兄弟姉妹のように手をとり合って、一緒に歩める場所に変わる、という夢が。

きょう、この日、わたしには夢があります。

わたしには夢があります。いつの日か、「もろもろの谷は高くせられ、もろもろの山と丘とは低くせられ、高低のある地は平らになり、険しいところは平地となる。こうして主の栄光があらわれ、人は皆ともにこれを見る」、という夢が。

これこそわたしたちの願いです。ほかならぬこの信念を抱いて、わたしは南部へ戻ります。この信念によって、わたしたちは絶望の山から希望の石を切り出すことができるのです。

この信念によって、わたしたちの国に響き渡る耳障りな不協和音を、友愛に満ちた美しいハーモニーに変えることができます。

With this faith we will be able to work together, to pray together, to struggle together, to go to jail together, to climb up for freedom together, knowing that we will be free one day.

This will be the day when all of God's children will be able to sing with new meaning "My country, 'tis of thee, sweet land of liberty, of thee I sing. Land where my fathers died, land of the Pilgrim's pride, from every mountainside, let freedom ring!"

And if America is to be a great nation, this must become true. So let freedom ring from the prodigious hilltops of New Hampshire! Let freedom ring from the mighty mountains of New York! Let freedom ring from the heightening Alleghenies of Pennsylvania! Let freedom ring from the snow-capped Rockies of Colorado! Let freedom ring from the curvaceous slopes of California! But not only that, let freedom ring from Stone Mountain of Georgia! Let freedom ring from Lookout Mountain of Tennessee! Let freedom ring from every hill and molehill of Mississippi! From every mountainside, let freedom ring.

When we let freedom ring, when we let it ring from every village and every hamlet, from every state and every city, we will be able to speed up that day when all of God's children, black men and white men, Jews and Gentiles, Protestants and Catholics, will be able to join hands and sing in the words of the old Negro spiritual, "Free at last! Free at last! Thank God Almighty, we are free at last!"

この信念によって，わたしたちは，ともに働き，ともに祈り，ともに苦しみ，ともに牢屋に入り，ともに自由のために立ち上がることができます——いつの日か，自由になることを確信して。

　その日こそ，神の子どもたちは皆，高らかに歌えます。「わたしの国よ，あなたのことを，うるわしい自由の地よ，あなたのことをわたしは歌う。わたしの父祖が眠る土地。ピルグリム・ファーザーズの誇りの国。すべての山腹から，自由の鐘を鳴り響かせよう」という歌に新しい意味を込めて。

　そしてアメリカが偉大な国となるためには，ぜひともこれを実現させなければなりません。ですから，ニューハンプシャーの広大な丘陵の上から，自由の鐘を鳴り響かせましょう。ニューヨークの雄々しい山々から，自由の鐘を鳴り響かせましょう。ペンシルベニアにそびえ立つアレゲーニー山脈から，自由の鐘を鳴り響かせましょう！　コロラドの雪を戴いたロッキー山脈から，自由の鐘を鳴り響かせましょう！　カリフォルニアのみごとな曲線を描く峰々から，自由の鐘を鳴り響かせましょう！　いや，それだけはでなく，ジョージアのストーン・マウンテンからも，自由の鐘を鳴り響かせましょう！　テネシーのルックアウト・マウンテンからも，自由の鐘を鳴り響かせましょう！　ミシシッピのすべての丘や小山からも，自由の鐘を鳴り響かせましょう！　あらゆる山腹から，自由の鐘を鳴り響かせましょう。

　わたしたちが自由の鐘を鳴り響かせるとき，国中の村や集落から鳴り響かせるとき，すべての州や都市から鳴り響かせるとき，神の子どもたちが皆，黒人も白人も，ユダヤ人も異（キリスト）教徒も，新教徒（プロテスタント）も旧教徒（カトリック）も，手をつなぎ，古い黒人霊歌を歌う日の到来を早めるのです。「やっと自由になれました！　やっと自由の身に！　万能の主よ，感謝します。わたしたちは，やっと自由になれました！」と。

---

[5] **My country, 'tis of thee**　アメリカ合衆国愛国歌。別名 *America*。　　[23] **Gentiles**「異教徒」　ユダヤ人から見たキリスト教徒を指す。

演説の解説

　キング牧師の「わたしには夢があります」は，アイディアの独自性と分析の深さという点では，特に注目すべき演説ではない。ここでキング牧師が訴えた不公正や希望は，過去に多くの人が指摘したことであったし，演説の中で確固たる解決策が提示されたわけでもなく，さまざまな行動方針の選択の末に起こる社会的な結果というものが熟慮されていたわけでもなかった。だがこれは，キング牧師が自分自身の役目を，分析したり指揮・命令したりすることではなく，人々を奮起させ，意欲を与えることだと考えていたからである。演説は，支持者たちの結束をより深く強固なものにし，アメリカ大衆の良心に訴えるためのものであった。キング牧師は人間の「善意」を信じ，黒人たちがどれほど理不尽な扱いを受けているかが明らかになれば，誰もが公民権法の制定に力を貸してくれるものと確信していた。

　公民権運動の大義に幅広い支持を得るためには，キング牧師はまず，人々の信頼に足るスポークスマンとなる必要があった。多くの白人は，公民権運動の最終的な目的に疑心を抱いており，さらにキング牧師の個人的な動機についても測りかねていた。キング牧師は何よりもまず，白人たちのこのような不安に応える必要があった。それと同時に，黒人支持者たちに対しても，自分がこの運動を遂行し，成功させる役割を担うに値する人物であるということを，確信させなくてはならなかった。

　キング牧師は，自分がアメリカの民主主義の理想を強く信じる者であることを訴え，「白人の国」であるアメリカを安心させようと試みた。「独立宣言と偉大なることばによって紡がれた憲法」，「民主主義の約束」，「自由に対する渇き」，「市民権」について触れ，キング牧師の夢が，「アメリカの夢（アメリカン・ドリーム）に深く根づく夢」であるとも言明した。これはアメリカを破滅させることを意図した改革家のことばではなく，むしろそのことばやイメージは，アメリカ政府のシステムに強く賛同する人物だということを示すものであった。キング牧師の目的が革命を起こすことではないのと同様に，キング牧師が提案した手段もまた，革命的ではなかった。氏は「肉体の力に魂の力で対抗する」ことについて語り，「抗議運動が暴力行為につながる」ことはないと約束した。「すべての白人に対する不信」を戒め，「運命共同体」となることを望んだ。キング牧師は，自分を恐れる必要はないのだと白人たちを安心させるだけでなく，黒人支持者に対しても，自分が妥協をしない人物であるということ

を確信させなくてはならず，何度も「われわれが満足することはないだろう」と強く主張した。そして，「漸進主義の鎮静剤」を飲んでいる暇はないのだと警鐘を鳴らし,「黒人が市民権を保障されるまでは，アメリカには安息も平穏もない」と誓った。

　聴衆のニーズや不安に応えることによって，キング牧師の人格に対する説得力は強まったものの，演説のいちばんの強みは，感情に訴える部分であった。メタファー（比喩）や並列構造の文章を生かし，演説を示唆に富むものにした。特にメタファーを頻繁に用いて，大きな効果を挙げた。ときには,「壊滅的な不公正の炎の中で焼き焦されてきた何百万もの黒人奴隷」,「何百万人もの黒人奴隷にとって，長い囚われの夜の終わりを告げる，喜びの夜明け」というような表現で，鮮やかなイメージを喚起させた。それに続く「約束手形（promissory note）」のメタファーは，それほど派手なものではなかったが，キング牧師の言わんとすることを，簡素に，直接的に，そして印象的に概念化するのに効果的であった。

　同じフレーズを繰り返したり，並列構造の文を多用することにより，演説は抑揚とリズムを帯びて，豊かになっている。たとえば，「わたしには夢があります」というフレーズを8回連続して繰り返すことで，情緒的なクライマックスを作り出すことに成功した。フレーズごとに，未来に対する新しい構想も提示された。さらに，演説の結びとして,「自由の鐘を鳴り響かせましょう！」というフレーズを10回繰り返した。最初の4回は文末，次の4回は文頭で，最後は文中で用いた。「やっと自由になれました！やっと自由の身に！万能の主よ，わたしたちは，やっと自由になれたのです！」という演説の締めくくりのことばは，並列と繰り返しの効果によって，感情に訴える，力強いものとなっている。

Martin Luther King

3 ジョン・F・ケネディ
大統領就任演説

John F. Kennedy

"ask not what your country can do for you—
ask what you can do for your country"

アメリカが皆さんに何ができるかを問う代わりに，
皆さんがアメリカのために何ができるかを問う

John F. Kennedy（1917-1963）第35代アメリカ合衆国大統領（民主党）。下院議員などを経て，米国史上最年少で大統領に選出された。カトリック教徒としても初の大統領。テキサス州ダラスでパレード中に暗殺される。

演説の背景

　1960年，ドワイト・アイゼンハワーは，米国史上最高齢の第34代大統領（共和党：1953-1961）として，その座から退こうとしていた。在任中には，絶大な人気を誇り，多くのアメリカ国民がアイゼンハワーを知恵深い祖父のごとく思い，慕っていた。そのアイゼンハワーが後継者として共和党から選んだのは，忠実な副大統領であったリチャード・ニクソンであった。ニクソンは手強い選挙運動家でもあったため，政治評論家たちは，民主党から誰が出馬しようとも，ニクソンに勝つことはできないだろうと考えていた。民主党は，候補者として，ジョン・F・ケネディ上院議員を選んでいた。ケネディは若く，政治経験はニクソンよりはるかに少なかったが，ハンサムで教養があり，裕福な家庭に生まれ育った雄弁家であった。

　1960年のニクソンとケネディの大統領選挙は，大統領候補者によるディベートを初めて全国放送したことでも知られている。このディベートにおいて，ケネディは落ち着いた身のこなしと，諸問題に関しての深い見識を印象づけることができ，大統領として未熟であるという批判をやわらげることに成功した。選挙運動を通して，ニクソンはおもにアイゼンハワー政権での実績を中心に強調した。一方ケネディは，経済成長の不振や冷戦におけるソビエト連邦の優勢について，共和党政権を非難した。米国の歴史上もっとも接戦となったこの大統領選で，ケネディはニクソンに勝利した。しかし，実際のところは，第3の党の候補者の存在により，ケネディは投票総数の過半数さえ獲得していなかったのである。

　選挙終了後から大統領就任までの間は，いくつもの外交政策のブリーフィング，戦略会議，記者会見があり，大統領に選出された者にとって多忙を極める期間である。そのため，ケネディが就任演説の準備を始めたのは，就任式の1週間前になってからであった。顧問には，簡潔で，特に外交政策に重点を置いた演説を行いたいともちかけている。またスピーチ・ライターには，これまでのすべての就任演説を熟読すること，なかでもリンカーンのゲティスバーグの演説をよく研究するようにと命じている。ケネディは，スタッフと連携して原稿の作成を行い，それぞれの段落に，何度も手を加え推敲しながらまとめていった。ケネディの演説の中でも，これほど何度も書き直されたものはないと言われている。

　1961年1月20日の夜明け，ワシントンの街は20センチほどに積もった雪

で覆われていた。就任式が催されるホワイトハウス周辺の道路や区域では，除雪作業が夜どおしで行われた。身を切られるように寒く，しかし明るく晴れわたった日であった。ケネディ家の親しい友人であった著名な司祭によって祈祷式が執り行われたのち，人々に崇敬されていた老齢のアメリカ人詩人，ロバート・フロストによる詩の朗読が行われた。その後，ジョン・F・ケネディはホワイトハウスで就任の宣誓を行い，43歳にして米国史上もっとも若くして選出された大統領となった。

John F. Kennedy

Inaugural Address

Vice President Johnson, Mr. Speaker, Mr. Chief Justice, President Eisenhower, Vice President Nixon, President Truman, reverend clergy, fellow citizens, we observe today not a victory of party, but a celebration of freedom—symbolizing an end, as well as a beginning—signifying renewal, as well as change. For I have sworn before you and Almighty God the same solemn oath our forebears prescribed nearly a century and three quarters ago.

The world is very different now. For man holds in his mortal hands the power to abolish all forms of human poverty and all forms of human life. And yet the same revolutionary beliefs for which our forebears fought are still at issue around the globe—the belief that the rights of man come not from the generosity of the state, but from the hand of God.

We dare not forget today that we are the heirs of that first revolution. Let the word go forth from this time and place, to friend and foe alike, that the torch has been passed to a new generation of Americans—born in this century, tempered by war, disciplined by a hard and bitter peace, proud of our ancient heritage—and unwilling to witness or permit the slow undoing of those human rights to which this nation has always been committed, and to which we are committed today at home and around the world.

Let every nation know, whether it wishes us well or ill, that we shall pay any price, bear any burden, meet any hardship, support any friend, oppose any foe, in order to

大統領就任演説

　ジョンソン副大統領，下院議長，最高裁長官，アイゼンハワー大統領，ニクソン副大統領，トルーマン大統領，聖職者の方，国民の皆さん。きょうわたしたちが祝うのは，ひとつの政党の勝利ではなく，自由です。終わりとともに始まりを象徴している自由，再生とともに改革を意味する自由を祝うのです。なぜなら，皆さんと万能の主の前で，たった今行った宣誓は，わたしたちの先祖が170年あまり前に定めたもの，そのままだからです。

　しかし，世の中は大きく変わりました。今や人類は，あらゆる形の貧困を根絶する力と，すべての人間の生命を奪う力を，その手に握っています。それにもかかわらず，わたしたちの先祖が命をかけた，あの革命の信念をめぐって，世界中で今なお争いが続いています。人の権利は国家の寛大さがもたらすものではなく，神の手から授けられるものだ，という信念をめぐって。

　わたしたちこそ，あの最初の革命の後継者であることを，今日夢にも忘れてはなりません。きょう，この場から，敵にも味方にも伝えようではありませんか。今，たいまつが新しい世代のアメリカ人に引き継がれた——今世紀に生まれ，戦争の荒波にもまれ，苦く厳しい平和に鍛えられ，先祖代々の伝統に誇りを持つ，新しい世代に，と。わたしたちは，母国がつねに命運をかけて守ってきた人間の権利が，少しずつ侵されていくのを見過ごすわけにはいきません。今日，国内においても，海外においても，この人間の権利を守り通す責任があるのですから。

　すべての国に知らせようではありませんか。わたしたちに好意を抱く国にも，敵意を抱く国にも。自由の存続と隆盛を保証するためには，どんな代価を払うことも，どんな重荷を背負うことも，どんな苦難に直面することも，どんな味方を助けることも，どんな敵を相手に回すことも，わたしたちはいとわないのだ，と。

---

15 **that first revolution** アメリカ独立革命を指す。

assure the survival and the success of liberty.

This much we pledge—and more.

To those old allies whose cultural and spiritual origins we share, we pledge the loyalty of faithful friends. United, there is little we cannot do in a host of cooperative ventures. Divided, there is little we can do—for we dare not meet a powerful challenge at odds and split asunder.

To those new states whom we welcome to the ranks of the free, we pledge our word that one form of colonial control shall not have passed away merely to be replaced by a far more iron tyranny. We shall not always expect to find them supporting our view. But we shall always hope to find them strongly supporting their own freedom—and to remember that, in the past, those who foolishly sought power by riding the back of the tiger ended up inside.

To those peoples in the huts and villages of half the globe struggling to break the bonds of mass misery, we pledge our best efforts to help them help themselves, for whatever period is required—not because the Communists may be doing it, not because we seek their votes, but because it is right. If a free society cannot help the many who are poor, it cannot save the few who are rich.

To our sister republics south of our border, we offer a special pledge—to convert our good words into good deeds—in a new alliance for progress—to assist free men and free governments in casting off the chains of poverty. But this peaceful revolution of hope cannot become the prey of hostile powers. Let all our neighbors know that we shall join with them to oppose aggression or subversion anywhere in the Americas. And let every other power know that this

わたしたちは，そう誓います。それだけではありません。

　わたしたちと文化や精神の根源を一にする，昔からの友邦には，信頼厚い友として忠誠を誓います。わたしたちが一丸となり，力を合わせて事にあたれば，何でも達成できるはずです。しかし，ばらばらでは何もできません。相争い，まとまりを欠いたままで，どうして難題に取り組むことができるでしょう。

　自由主義国家の列に新たに迎える国々には，植民地支配という形態が過去のものとなった今，さらに厳しい圧政がそれにとって代わるようなことは許さない，と約束します。これらの国々に，つねにわたしたちの立場を支持してもらおうと期待するつもりはありません。しかし，つねに自らの自由を守る努力は惜しまないことを期待したい。かつて愚かにもトラの背にまたがり，その威を借りようとした者たちが，その胃袋の中に収まってしまったことを忘れないでほしい。

　小屋に住まい，村落に暮らし，社会全体を覆うみじめな生活から逃れようと苦しんでいる人々，この地球の半ばを占めるこれらの人々には，自力で苦境を脱せるように力を尽くし，お手伝いすることを誓います。たとえ，どれほど時間がかかろうとも。共産主義者たちがそうしているかもしれないから，というのでもなければ，選挙のときに支持を得ようというのでもありません。それが正しいからなのです。もし自由な社会が，多くの貧しい人々を救えないならば，どうしてひと握りの金持ちを救えるでしょう。

　わたしたちの南に位置する姉妹国各国には，特別の誓いを立てます。わたしたちの正しいことばを善き行いに変え，進歩のために新たに力を合わせ，自由な人々，自由な政府が，貧困の鎖を断ち切るのを助けることを誓います。しかし，この希望に満ちた平和な革命が，敵に悪用されるのを許してはなりません。近隣の国々に知らせましょう。わたしたちは，南北アメリカのどこであろうとも，侵略や動乱があれば，助けに駆けつけるつもりであることを。そして，ほかの諸勢力にも知らせましょう——わたしたち南北両アメリカは，これからも自主独立を保ち続けるのだ，ということを。

---

[11] **iron tyranny** 自由主義諸国と共産主義諸国とを隔てた iron curtain を意識した表現。　[29] **the Americas** 南北アメリカ諸国を指す。

hemisphere intends to remain the master of its own house.

To that world assembly of sovereign states, the United Nations, our last best hope in an age where the instruments of war have far outpaced the instruments of peace, we renew our pledge of support—to prevent it from becoming merely a forum for invective—to strengthen its shield of the new and the weak—and to enlarge the area in which its writ may run.

Finally, to those nations who would make themselves our adversary, we offer not a pledge but a request: that both sides begin anew the quest for peace, before the dark powers of destruction unleashed by science engulf all humanity in planned or accidental self-destruction.

We dare not tempt them with weakness. For only when our arms are sufficient beyond doubt can we be certain beyond doubt that they will never be employed.

But neither can two great and powerful groups of nations take comfort from our present course—both sides overburdened by the cost of modern weapons, both rightly alarmed by the steady spread of the deadly atom, yet both racing to alter that uncertain balance of terror that stays the hand of mankind's final war.

So let us begin anew—remembering on both sides that civility is not a sign of weakness, and sincerity is always subject to proof. Let us never negotiate out of fear. But let us never fear to negotiate.

Let both sides explore what problems unite us instead of belaboring those problems which divide us.

Let both sides, for the first time, formulate serious and precise proposals for the inspection and control of arms—and

世界中の主権国家の集まりである国連は，戦いの道具が平和の手立てをはるかにしのいでしまった今の時代に，わたしたちに残された何にもまさる最後の希望です。その国連を支持することを，わたしたちはあらためて誓います――国連が単なる相互非難の場となることを防ぎ，新しい国々，弱い国々を守る国連の力を強め，その力の及ぶ範囲を広げるために。

最後になりましたが，わたしたちと敵対しようという国々には，誓いのことばの代わりに，いくつか要望を表明したいと思います。どちらの陣営も，平和に向けて新たな努力を始めようではありませんか。科学が解き放った邪悪な破壊の力が，計画的な，あるいは偶発的な自己破壊の波の中に全人類をのみ込んでしまう前に。

わたしたちは，弱みをさらけ出すことで，敵を挑発するようなことは絶対しません。わたしたちは，疑いの余地もないほど十分軍備が整ったとき初めて，その軍備を使わなくてすむと，疑いの余地もないほど確実に思えるのですから。

しかし，今たどりつつある進路を見ると，わたしたち二つの強大な国家群は，とても安心などしていられません。どちらの陣営も，近代兵器をまかなうための過大な出費に苦しめられ，恐ろしい原子力が着実に拡散していくのに，当然ながら強い警戒心を抱いています。それなのに，人類の最終戦争の魔手を押しとどめる，不確実な恐怖の均衡を競って破ろうとしています。

ですから新しいスタートを切ろうではありませんか――優しい物腰が弱さの証(あかし)ではないこと，そして誠実さはつねに試されるということを，両陣営とも思い出しながら。恐れから交渉をしてはなりません。しかし，交渉することを恐れてはいけないのです。

両陣営とも，互いを隔てる問題にこだわり続ける代わりに，互いを結びつけてくれる問題を探し求めていこうではありませんか。

両陣営とも，軍備を査察・管理するための真剣で具体的な計画を，ここで初めて立てましょう。そして他国を徹底的に破壊し尽くす力を，世界各国の徹底的な管理のもとに置こうではありませんか。

---

7 **writ** 法律用語で令状の意味。ここでは国連の力が及ぶ範囲を指す。　16 **two great and powerful groups of nations** アメリカをはじめとする自由主義諸国とソ連をはじめとする共産主義諸国のふたつのグループを意味する。

bring the absolute power to destroy other nations under the absolute control of all nations.

Let both sides seek to invoke the wonders of science instead of its terrors. Together let us explore the stars, conquer the deserts, eradicate disease, tap the ocean depths, and encourage the arts and commerce.

Let both sides unite to heed in all corners of the earth the command of Isaiah—to "undo the heavy burdens ... and to let the oppressed go free."

And if a beachhead of cooperation may push back the jungle of suspicion, let both sides join in creating a new endeavor, not a new balance of power, but a new world of law, where the strong are just and the weak secure and the peace preserved.

All this will not be finished in the first 100 days. Nor will it be finished in the first 1,000 days, nor in the life of this Administration, nor even perhaps in our lifetime on this planet. But let us begin.

In your hands, my fellow citizens, more than mine, will rest the final success or failure of our course. Since this country was founded, each generation of Americans has been summoned to give testimony to its national loyalty. The graves of young Americans who answered the call to service surround the globe.

Now the trumpet summons us again—not as a call to bear arms, though arms we need; not as a call to battle, though embattled we are—but a call to bear the burden of a long twilight struggle, year in and year out, "rejoicing in hope, patient in tribulation"—a struggle against the common enemies of man: tyranny, poverty, disease, and war itself.

両陣営とも，科学の脅威ではなく，驚異を引き出すよう努力しようではありませんか。力を合わせて星々を探検し，砂漠を征服し，病気を根絶し，深海を開発し，芸術と通商を奨励しましょう。

　両陣営とも，一致団結して，地上のあらゆる場所で，イザヤのことばに従おうではありませんか――「くびきのひもを解き，しいたげられる者を放ち去らせ」ということばに。

　そして，もし協力を足がかりに，猜疑心のジャングルを押し戻すことができるのなら，両陣営とも一緒になって，新しい態勢を作り上げようではありませんか――新しい力の均衡ではなく，法の秩序に基づいた新しい世界，強者が正義を守り，弱者が安心して暮らし，平和が保たれる世の中を。

　これらの課題が，すべて最初の百日で達成できるとは思えません。最初の一千日でも不可能でしょう。わたしの在任中，いや，わたしたちの存命中にすら無理かもしれません。それでも，始めようではありませんか。

　国民の皆さん，わたしではなく，皆さんの手の中に，わたしたちの進む道の最終的な成否が握られているのです。この国が打ち立てられて以来，どの世代のアメリカ人も，国家への忠誠を誓うことを求められてきました。その求めに応じて立ち上がった若きアメリカ人の墓は世界中にあります。

　そして今，再び召集のトランペットが響き渡ります。武器を取れ，という合図ではありません――武器は必要ですけれど。戦闘開始という合図でもありません――戦闘準備は整っていますが。このトランペットは，薄明かりの中，長い戦いの重荷を担おうという合図なのです――来る年も，来る年も，「望みを抱いて喜び，艱難(かんなん)に耐え」，人類の共通の敵である，圧政や貧困，病気，そして戦争そのものに対する戦いの重荷を担おうという。

---

[8] **Isaiah** 旧約聖書「イザヤ書」からの引用で，イザヤは預言者。

Can we forge against these enemies a grand and global alliance, North and South, East and West, that can assure a more fruitful life for all mankind? Will you join in that historic effort?

In the long history of the world, only a few generations have been granted the role of defending freedom in its hour of maximum danger. I do not shrink from this responsibility—I welcome it. I do not believe that any of us would exchange places with any other people or any other generation. The energy, the faith, the devotion which we bring to this endeavor will light our country and all who serve it—and the glow from that fire can truly light the world.

And so, my fellow Americans: **ask not what your country can do for you—ask what you can do for your country**.

My fellow citizens of the world: ask not what America will do for you, but what together we can do for the freedom of man.

Finally, whether you are citizens of America or citizens of the world, ask of us the same high standards of strength and sacrifice which we ask of you. With a good conscience our only sure reward, with history the final judge of our deeds, let us go forth to lead the land we love, asking His blessing and His help, but knowing that here on earth God's work must truly be our own.

わたしたちは，これらの敵に対して，北も南も，東も西も，ひとつになって壮大な地球的規模の同盟を作ることができるでしょうか——全人類に，より実りある生活を保障するような？　この歴史的事業に，皆さんも参加していただきたいのです。

　世界の長い歴史の中でも，絶体絶命の危機に瀕した自由を守る責を担う役目を与えられた世代は，数えるほどしかないでしょう。しかし，わたしは決してこの重責にひるんだりしません。むしろ，それを歓迎します。わたしたちの中に，ほかの国民，ほかの世代と立場を替えたいと望んでいる人がいるとは思えません。この大事業にわたしたちが持ち寄るエネルギー，信念，そして情熱は，わたしたちの国と，国のために尽くす人々を照らし出すことでしょう。そして，その炎の輝きは真に世の中を明るくするでしょう。

　ですから，アメリカ国民の皆さん，**アメリカが皆さんに何ができるかを問う代わりに，皆さんがアメリカのために何ができるかを考えていただきたい。**

　親愛なる世界中の市民の皆さん，アメリカが皆さんに何をするかを問う代わりに，わたしたちが力を合わせて，人類の自由のために何ができるかを考えていただきたい。

　最後に，アメリカ市民であろうと，世界の市民であろうと，わたしたちが皆さんに求めるのと同じ，強さと自己犠牲の高い水準を，ここでわたしたちにも求めていただきたい。正しい良心を唯一の確かな報いとし，わたしたちの行いの最終的評価を歴史に委ね，すすんでわたしたちの愛する国を導いていこうではありませんか——神の祝福と助けを求めながら，しかし，この地上では，神の御業(みわざ)は，まさにわたしたち自身の手によって成されなければならない，ということを肝に銘じながら。

John F. Kennedy

演説の解説

　ジョン・F・ケネディの就任演説は，精巧で，イデオロギー的に重要な意味を持ち，かつ戦略的に展開された演説である。その徹底した技巧がもっとも顕著に表れているのは，さまざまな文体上の工夫である。考え方や使われていることばそのものは必ずしも具体的ではなかったが，隠喩，並列法，対照法などを用いて，言わんとしていることをより具体化し，演説全体に詩的な性質を与えることに成功している。

　「協力を足がかりに，猜疑心のジャングルを押し戻すことができる」，「愚かにもトラの背にまたがり，その威を借りようとした君が，その胃袋の中に収まってしまった」のような隠喩は，因果関係のイメージを視覚的に表し，具体化している。

　また，「自由の存続と隆盛を保証するためには，どんな重荷を背負うことも，どんな苦難に直面することも，どんな味方を助けることも，どんな敵を相手に回すことも，わたしたちはいとわない」のように，並列法を用いることにより，重要な概念に説得力と影響力を与えている。

　ケネディがもっとも頻繁に使用した修辞法は，対照法である。この演説には，実に30例の対句が存在する。互いに対立するふたつのアイディアを提起することで，おのおののアイディアがより明確になり，意義が増す。なかでももっとも有名な「アメリカが皆さんに何ができるかを問う代わりに，皆さんがアメリカのために何ができるか」という箇所では，社会奉仕の重要性を社会依存と照らし合わせながら訴えている。

　この就任演説において注目すべきふたつ目の特徴は，ケネディの思想である。ここで掲げられた理想は，1960年代や米ソ冷戦という背景で論じられてはいるが，時代を超えて評価されるものである。演説において，すべての人間にとっての平和，自由，経済発展の重要性を訴えている。ケネディにとってこれらは，ひとつを達成することで，その他のふたつの実現につながる相互に補強効果を持つ概念であった。

　ケネディは，このような理想の達成には，それぞれの国家の努力が不可欠であるということを認識しており，その実現のためにアメリカ合衆国は，富める国，貧しい国，強国，弱国，すべての国家と協力し合うことを誓っている。

　さらに，アメリカが，ほかの国々に新たな植民地制度を課すことなく援助を行うことも約束している。侵略や暴政から身を守るために国力は維持するもの

の，進んで違いを乗り越え，軍縮に移行していく意志があることも表明している。協調的解決を約束したことで，ケネディのメッセージを聴いた者，読んだ者，すべての人に希望を与えた。

　演説の内容や文体がすぐれているのは一目瞭然であるが，説得の戦略が適切かどうかについては，一見わかりにくい。世界中の多くの人々は，まだ若いケネディが，アメリカを導いていけるほど成熟しているのかということに疑念を抱いていた。さらに，僅差で選挙に勝ったことで，ケネディが大統領にふさわしい指導力を持っているのか，そしてその指導力を十分に発揮できるのかについても懸念していた。

　ケネディ大統領は，間接的ではあるが，効果的に，これらふたつの懸念に応えている。演説の冒頭で，選挙が接戦だったことを慎重に認めつつ，同時に民主的な選定プロセスに基づいて支持するよう国民に求めている。「きょうわたしたちが祝うのは，ひとつの政党の勝利ではなく，自由である」と宣言し，「皆さんと万能の主の前で，たった今行った宣誓は，わたしたちの先祖が170年あまり前に定めたもの，そのままだからです」と明言することで，リーダーシップが継続していることを示した。また，自身の就任を，新しい世代へ「たいまつを引き継ぐ」と表すことで，大統領としての未熟さの問題についても応えている。さらに，「戦争の荒波にもまれ，苦く厳しい平和に鍛えられ」，そして「先祖代々の伝統に誇りを持つ」ことから，この新しい世代がリーダーシップをとる準備はできているのだと聴衆を納得させている。

　演説の最後の部分では，「わたしは決してこの重責にひるんだりしません。むしろ，それを歓迎します」とケネディは述べ，しかし「国民の皆さん，わたしではなく，皆さんの手の中に，わたしたちの進む道の最終的な成否が握られているのです」と続け，大統領としての責務を負う準備ができていることを示し，そのうえで聴衆（国民）への依存を認めることで，僅差での勝利や自身の未熟さについて国民が抱く不安を払拭しようとしている。

John F. Kennedy

4 パトリック・ヘンリー
自由を,さもなくば死を！

Patrick Henry

"give me liberty or give me death!"

われに自由を,さもなくば死を！

Patrick Henry（1736-1799）政治家・弁護士。バージニア植民地の農園主の家に生まれる。バージニア邦初代知事で,アメリカを植民地支配から独立に導いた立役者。

演説の背景

　アメリカ革命戦争は，新しい国家の誕生をもたらした。この戦争で，北アメリカの13の植民地はイギリスから自由を勝ち取り，アメリカ合衆国が生まれたのである。

　植民地とイギリス政府は，10年以上にわたって，互いへの敵意を増幅させてきた。1763年までにイギリス側は，フランス帝政の領地であった北アメリカの植民地のほとんどを支配下に置くことに成功しており，この頃はイギリスにとって，植民地に対してさらなる権力を行使し，課税を重くする絶好のチャンスであった。

　ところが，これまで相当な自治権を与えられてきた植民地側は，支配を強めようとするイギリスの行動に反発した。イギリスは，1765年に印紙法，1767年にはタウンシェンド関税条例を制定して植民地から徴税しようとしたが，植民者たちは支払いを拒否した。そして1773年，ボストンの急進派の植民者らが，税金を払うくらいならばと，港に入ってきたイギリスの紅茶を投げ捨てるという「ボストン茶会事件」が起こった。イギリス政府はこれに対抗し，権力を強化するための兵を植民地に送り込んだ。

　1774年9月，各植民地の代表者がフィラデルフィアに集まり，第一回大陸会議を開催した。代表者の中には，イギリスとの和解を望む者もいれば，譲歩はできないとしながらも武力行使に関しては反対の立場をとる者もいた。最終的に議会は，イギリスの政策に対して抗議宣言を出すことを承認し，イギリス製品の不買運動を布告した。またイギリス議会に対し，植民地住民の収入に税を課す権利がないことを公に宣言するようにも求めた。ところが数か月後にイギリス議会は，植民地に対してさらに厳しい措置を講じた。それを受けて北部の植民地は，ついに武器を集め，人々を召集し，軍事演習を始めたのだった。

　南部の植民地は，北部ほどイギリスの厳しい制裁を受けてはいなかったが，当然北部の大義には賛同していた。1775年3月，南部のバージニア州のリーダーたちがリッチモンドに会し，激化する対立に今後どのような方策をとるべきかを議論した。バージニア協議会の4日目にあたる3月23日，パトリック・ヘンリーが，バージニアで民兵を組織・訓練し，防衛態勢を整えるための決議を提出した。ヘンリーはバージニア政府の中心人物で，第一回大陸会議から代表者を務めてきた人物である。ヘンリーの発議によって，代表者らは，一般的で哲学的な不平不満の議論から，行動を促す具体的な議論へと目を向ける

ようになった。ジョージ・ワシントンやトーマス・ジェファーソンも，このときヘンリーを支持した少数派であった。当時のヘンリーの演説は正確に記録されておらず，ここに収めた文章はその場に居合せた人々の証言をつなぎ合わせて作ったものである。

Patrick Henry

Liberty or Death

Mr. President: No man thinks more highly than I do of the patriotism, as well as abilities, of the very worthy gentlemen who have just addressed the House. But different men often see the same subject in different lights; and, therefore, I hope it will not be thought disrespectful to those gentlemen if, entertaining as I do opinions of a character very opposite to theirs, I shall speak forth my sentiments freely and without reserve. This is no time for ceremony. The questing before the House is one of awful moment to this country. For my own part, I consider it as nothing less than a question of freedom or slavery; and in proportion to the magnitude of the subject ought to be the freedom of the debate. It is only in this way that we can hope to arrive at truth, and fulfill the great responsibility which we hold to God and our country. Should I keep back my opinions at such a time, through fear of giving offense, I should consider myself as guilty of treason towards my country, and of an act of disloyalty toward the Majesty of Heaven, which I revere above all earthly kings.

Mr. President, it is natural to man to indulge in the illusions of hope. We are apt to shut our eyes against a painful truth, and listen to the song of that siren till she transforms us into beasts. Is this the part of wise men, engaged in a great and arduous struggle for liberty? Are we disposed to be of the number of those who, having eyes, see not, and, having ears, hear not, the things which so nearly concern their temporal salvation? For my part, whatever anguish of spirit it may cost, I am willing to know the whole truth; to know the worst, and

自由を，さもなくば死を！

　議長。本会議で演説を終えたばかりの，尊敬すべき紳士諸兄の能力のみならず愛国心を，わたくしほど高く評価している人間はほかにないでしょう。しかし，同じ事物も人が変われば見方も変わるということはよくあります。事実，わたくしは，諸兄とは正反対の考えを持っています。ですから，これから自由に忌憚なく意見を述べたときに，諸兄に対して礼を欠いているととられないことを切に願うしだいです。今は虚礼にこだわっているときではありません。本議会にかけられた問題は，この国にとって恐ろしいほどの重みを持っています。わたくしにしてみれば，これは自由か隷属かの選択を問われる問題にほかなりません。この問題が重大であるだけに，なおさら自由に議論が尽くされるべきでしょう。そうしてこそ，真理に到達し，神と祖国に対してわれわれが担っている重責を果たすことが望めるのです。このようなときに，もしわたくしが他人の感情を害するのを恐れるあまり，意見を述べるのをはばかったとしたら，それは祖国に対する裏切りです。わたくしが地上のいかなる王侯君主よりも貴いものとして崇め敬う天主に，不忠をはたらいたことになるでしょう。

　議長，人はとかく希望の幻想に浸りたがるものです。痛ましい現実には目を閉ざし，魅惑的なセイレーヌの歌声にうっとりと聴き入り，知らぬ間に獣に姿を変えられてしまうのです。しかしこれは，自由のためにたいへんな苦闘を演じている賢い人間のすることでしょうか？　われわれは，自らが現世で救済されるかどうかにこれほど深くかかわっている事柄に，目を持ちながらその目を向けず，耳を持ちながらその耳を傾けぬような人間の列に伍することを望むのでしょうか？　わたくしとしては，たとえどれほど大きな精神的苦痛を伴おうとも，あくまで真相を知り尽くすつもりです。最悪の可能性をも認識し，それに備えるつもりです。

---

21 **siren**「セイレーヌ」ギリシャ神話に登場する，上半身が人間で下半身が鳥の海に住む魔物。美しい歌声で船乗りたちを惑わせる。

Patrick Henry

to provide for it.

I have but one lamp by which my feet are guided, and that is the lamp of experience. I know of no way of judging of the future but by the past. And judging by the past, I wish to know what there has been in the conduct of the British ministry for the last ten years to justify those hopes with which gentlemen have been pleased to solace themselves and the House. Is it that insidious smile with which our petition has been lately received? Trust it not, sir; it will prove a snare to your feet. Suffer not yourselves to be betrayed with a kiss. Ask yourselves how this gracious reception of our petition comports with those warlike preparations which cover our waters and darken our land. Are fleets and armies necessary to a work of love and reconciliation? Have we shown ourselves so unwilling to be reconciled that force must be called in to win back our love? Let us not deceive ourselves, sir. These are the implements of war and subjugation; the last arguments to which kings resort. I ask gentlemen, sir, what means this martial array, if its purpose be not to force us to submission? Can gentlemen assign any other possible motive for it? Has Great Britain any enemy, in this quarter of the world, to call for all this accumulation of navies and armies? No, sir, she has none. They are meant for us: they can be meant for no other. They are sent over to bind and rivet upon us those chains which the British ministry have been so long forging. And what have we to oppose to them? Shall we try argument? Sir, we have been trying that for the last ten years. Have we anything new to offer upon the subject? Nothing. We have held the subject up in every light of which it is capable; but it has been all in vain. Shall we resort to entreaty and humble supplication? What terms shall we find which have not been already exhausted? Let us not, I beseech you, sir, deceive

わたくしの足下を照らし，導いてくれる明かりは，たったひとつしかありません。それは経験という明かりです。わたくしは，未来について判断を下すときには，過去を振り返る以外の術を知りません。そこで過去を振り返ってみると，知りたくなります。紳士諸兄はさまざまな希望を抱くことで自分自身や議会を慰めて満足してきましたが，イギリス政府はこの十年間，その希望に応えるために何をしてくれたでしょうか？　最近のわれわれの請願に対しても，狡猾な笑みを見せるだけだったではありませんか。そんなものを信用してはなりません，議長。足元に仕掛けられた罠のようなものですから。口づけにだまされて傷つけられることがあってはなりません。自らに問いただしてみようではありませんか。一方でわれわれの請願を慇懃に受け取っておきながら，他方では戦時のような準備をして，わが国の領海を軍艦で埋め，領土を軍隊で覆うのが，筋の通ったことでしょうか？　友好と和解の作業に，はたして艦隊や軍団が必要なのでしょうか？　われわれが和解をあまりにかたくなに拒むので，われわれの友好的な態度を取り戻すために，武力を介入させざるをえないとでも言うのでしょうか？　そのような自己欺瞞はやめにしましょう，議長。軍艦も軍隊も戦争と征服の道具です。王侯君主が最後に物を言わせる手段です。紳士諸兄と議長にお伺いします。この武力の配備は，いったい何を意味するのでしょう？　われわれを力で屈服させること以外の目的が考えられますか？　諸兄は，何かほかの動機を見出すことができるでしょうか？　大英帝国には，これほどの陸海軍兵力を結集して備えねばならぬような敵が，この地域にいるのでしょうか？　いいえ，議長，そのような敵などいはしません。イギリスの兵力は，ほかならぬわれわれに向けられたものなのです。この兵力は，イギリス政府が長年鍛えてきた鎖でわれわれを縛り上げ，鋲で留めつけてしまうために送られてきたのです。では，われわれはいったいどうやって，それに対抗すべきなのでしょう？　話し合いをしてみるのですか？　議長，話し合いなら，もう十年もやってきたではありませんか。この件に関して，いまさら新たに提案することなどあるのでしょうか？　何ひとつありません。われわれは，すでにあらゆる角度からこの問題を考えてみました。しかし，すべては無駄でした。それでは，懇願したり，つつましく哀願したりすべきなのでしょうか？　いまだに網羅されていない条件などありますか？　お願いです，議長，これ以上自らを欺くのはやめようではありませんか。議長，われわれはすでにできる

---

5 **the British ministry**: the British government.「イギリス政府」　21 **Great Britain**「大英帝国，イギリス帝国」 16世紀から20世紀初頭まで続いた，英国とその植民地を含む超大国。

Patrick Henry

ourselves. Sir, we have done everything that could be done to avert the storm which is now coming on. We have petitioned; we have remonstrated; we have supplicated; we have prostrated ourselves before the throne, and have implored its interposition to arrest the tyrannical hands of the ministry and Parliament. Our petitions have been slighted; our remonstrances have produced additional violence and insult; our supplications have been disregarded; and we have been spurned, with contempt, from the foot of the throne! In vain, after these things, may we indulge the fond hope of peace and reconciliation. There is no longer any room for hope. If we wish to be free — if we mean to preserve inviolate those inestimable privileges for which we have been so long contending — if we mean not basely to abandon the noble struggle in which we have been so long engaged, and which we have pledged ourselves never to abandon until the glorious object of our contest shall be obtained—we must fight! I repeat it, sir, we must fight! An appeal to arms and to the God of hosts is all that is left us!

They tell us, sir, that we are weak; unable to cope with so formidable an adversary. But when shall we be stronger? Will it be the next week, or the next year? Will it be when we are totally disarmed, and when a British guard shall be stationed in every house? Shall we gather strength by irresolution and inaction? Shall we acquire the means of effectual resistance by lying supinely on our backs and hugging the delusive phantom of hope, until our enemies shall have bound us hand and foot? Sir, we are not weak if we make a proper use of those means which the God of nature hath placed in our power. Three millions of people, armed in the holy cause of liberty, and in such a country as that which we possess, are invincible by any force which our enemy can send against us.

かぎりのことはしたのです，今，迫り来る嵐を避けるために。請願もしました。抗議もしました。哀願もしてみました。王座の前にひれ伏してもみました。イギリス政府と議会の専横な振るまいを止めるために，国王に介入してもらうよう嘆願もしました。しかし，われわれの請願は軽んじられ，抗議はいっそうの暴力と侮辱を招き，哀願は無視されたのです。そして，われわれは鼻であしらわれ，王座のもとから追い払われたのです。こうまでされながら，われわれは平和と和解などというはかない希望を，むなしく抱き続けるのでしょうか？　もはや希望を抱くような余地はありません。もしわれわれが自由であることを欲するなら，もしわれわれが，これまでずっと守ってきた，かけがえのない特権を，これからも守り通すつもりがあるのなら，もしわれわれが，これほど久しく従事してきた気高い闘争――輝かしい目標を勝ち取るまでは決して放棄しないと誓った闘争――を卑劣にも放棄するつもりがないのなら，戦わなければなりません！　繰り返し申し上げます。議長，われわれは戦わなければなりません！　武器を取り，万軍の主に訴えることこそ唯一残された道なのです！

　議長，イギリスはわれわれが腰抜けだと言っています。イギリスほど手強い相手を敵に回すことなどできない腰抜けだ，と。しかし，われわれの力が，今以上に充実するときがはたしてめぐってくるでしょうか？　来週ですか？　来年ですか？　すっかり武装を解除されたときですか？　すべての家にイギリス軍の歩哨が配置されたときですか？　優柔不断と傍観によって，われわれの力が増すのでしょうか？　敵にすっかり手足を縛り上げられるまで，あお向けに寝転んで希望の幻影にしがみついていて，効果的な抵抗手段が得られるのでしょうか？　議長，われわれは腰抜けではありません――造物主たる神がわれわれの手に委ねてくださった力を正しく用いれば。自由という神聖な大義を掲げて武装した人民，われわれが所有するような国土に住まう300万の人民は，敵がどんな兵力を送り込んでこようと，決して敗れることはありません。しかも，議長，われわれは単独で戦うわけではないのです。国々の運命を司る公正な神がいらっしゃり，われわれのために戦ってくれる味方を与えてくださるでしょう。議長，戦いに勝つのは強者とはかぎりません。勝利は油断のない人間，行動の人，勇者のものなのです。それに，議長，われわれには選択の余地

---

[29] **hath**　have の三人称単数形。古語。

Besides, sir, we shall not fight our battles alone. There is a just God who presides over the destinies of nations, and who will raise up friends to fight our battles for us. The battle, sir, is not to the strong alone; it is to the vigilant, the active, the brave. Besides, sir, we have no election. If we were base enough to desire it, it is now too late to retire from the contest. There is no retreat but in submission and slavery! Our chains are forged! Their clanking may be heard on the plains of Boston! The war is inevitable—and let it come! I repeat it, sir, let it come.

It is in vain, sir, to extenuate the matter. Gentlemen may cry, Peace, Peace—but there is no peace. The war is actually begun! The next gale that sweeps from the north will bring to our ears the clash of resounding arms! Our brethren are already in the field! Why stand we here idle? What is it that gentlemen wish? What would they have? Is life so dear, or peace so sweet, as to be purchased at the price of chains and slavery? Forbid it, Almighty God! I know not what course others may take; but as for me, **give me liberty or give me death!**

はありません。仮にわれわれが卑劣にもこの戦いから手を引こうと望んだところで，もはや手遅れです。退却の術はありません——服従と隷属の道を除いては！　われわれを縛る鎖は，もうでき上がっています！　鎖の立てる音がボストンの平野に響きわたるのが聞こえませんか？　戦争は避けられないのです。さあ，来るなら来い！　繰り返し申し上げます，議長。戦争よ，来るなら来い！

　議長，いくら事態を軽く見ようとしても無駄です。諸兄は「平和を」，「平和を」と叫ぶかもしれません。しかし，平和などどこにもありません。戦争は事実上すでに始まっているのです！　今度北から吹いてくる風は，武器のぶつかり合う音を，われわれの耳に運んでくることでしょう！　われわれの同胞はもう戦場に出ています！　それなのに，どうして指をくわえてここに立ち尽くしていられましょうか？　諸兄はいったい何をお望みなのか？　このままではどうなるとお考えですか？　鎖に縛られ，奴隷に身を落とすのもいとわぬほど命が惜しいのですか？　それほど平和は甘美なのですか？　それは違う，断じて違います！　ほかの方々がどのような道を選ばれるかは知りませんが，わたくしはこう申し上げたい。**われに自由を与えよ，さもなくば死を与えたまえ！**と。

Patrick Henry

演説の解説

　パトリック・ヘンリーの「われに自由を，さもなくば死を！」は，アメリカでもっとも名高い演説のひとつである。説得力のある論理と感情面の激しさの両方を備え，人々の記憶に刻まれている。

　ヘンリーのひとつ目の主張は，イギリスは武力によって植民地を統制しようとしている，というものであった。いつの日かイギリスが，植民地の申し立てに耳を傾けてくれるのではないかと，根拠のない希望にしがみつき続けている人間がいることを知っていたからである。これに対しヘンリーは，過去10年間にもわたって植民地の懇願が拒絶されてきた歴史が何を意味するのかを考えるよう呼びかけた。さらに，戦争の配備がすでにされていること，それはほかでもない，植民地を支配するためなのだと言い，イギリスが戦時の準備と思われることを始めているのを引き合いに出して議論を強めた。

　このように，イギリスに戦争の意志があることを証明してから，ヘンリーは，ふたつ目の議論へと進んだ。それは，われわれ植民地は反撃するべきなのだというものである。そのなかで，さらに4つの論点を挙げた。まず，これまで試みた戦争以外のアプローチが無駄に終わったことに言及した。「われわれの請願は軽んじられ，抗議はいっそうの暴力と侮辱を招き，哀願は無視されたのです。そして，われわれは鼻であしらわれたのだ」と。次にヘンリーは，無力な自分たちはイギリスを相手に戦えないのではないか，と恐れている者に向かって，「しかし，われわれの力が，今以上に充実するときがはたしてめぐってくるでしょうか？」と問いかけた。イギリスに植民地の武装解除をする機会を与えてしまってからでは遅いのは明らかである。そしてヘンリーは，植民地軍は正義のために戦うのであり，必ず勝利を手にすることができるのだ，と語った。また，「戦いに勝つのは強者とはかぎりません。勝利は油断のない人間，行動の人，勇者のものなのです」とも言った。最後に，戦争以外の道はないのだと宣言し，戦わないという選択は，占領と暴政を意味するのだと説いた。

　ヘンリーが打ち立てた主張は，非常に論理的であったが，決して論理ばかりに頼った演説ではなかった。バージニア協議会では，4日間にわたってイギリスの制圧に関する協議がなされてきたが，しかるべき対応について合意に達することができずにいた。ヘンリーはその場にいた聴衆のほとんどが，イギリス人祖先の血をひいており，ゆえに，同国人と敵対しなければならないこの戦争を何とか回避したいと思っているということを，十分認識していた。そこで，

聴衆の心を動かすために，論理と情動的なアピールとを組み合わせて，演説を行った。ヘンリーは聴衆が対峙する選択肢を，強く感情的なことばで投げかけた。それは，善か悪かを選ばなくてはならないものであり，そのことばは断定的で，中立の立場を許さないものでもあった。「これは自由か隷属かの選択を問われる問題にほかなりません」，「退却のすべはありません──服従と隷属の道をのぞいては！」，「われに自由を，さもなくば死を与えたまえ！」

ヘンリーは宗教的な引用を多用して，さらに演説を心ゆさぶるものにした。バージニア協議会は，教会の建造物で行われており，ヘンリーは植民地の人々の多くをアメリカ大陸に導いたのは，深い宗教的信念だったということをよく心得ていた。それゆえ演説は，キリスト教の聖書からの引用やメタファー（隠喩）に富んでおり，ヘンリーは演説のあらゆる場面で，「貴い天主」，「万軍の主」，「造物主たる神」，「全能の神」と呼びかけた。そして声高にこう言った。「国々の運命を司る公正な神がいるのだ」と。

上述したような感情的で直接的なたたみかけに加え，やや露骨さを抑えた説得の手法も用いられた。それは，修辞的な疑問文を数多く用いて，ヘンリーが述べるまでもなく，聴衆自らが結論にたどり着くように導くものだった。その結論とは，たとえば，政治的自由や，真実の追求，身体的安全の保証などへの願望で，強く熱い信念に根づくものであった。演説の力強い締めくくりとして，質問文を駆使し，聴衆を自らが意図する結論へと導き，聴衆が行動を起こすように導いた。「どうして指をくわえてここに立ち尽くしていられましょうか？ 諸兄はいったい何をお望みなのか？ このままではどうなるとお考えですか？ 鎖に縛られ，奴隷に身を落とすのもいとわぬほど命が惜しいのですか？ それほど平和は甘美なのですか？」

5 ジョージ・ワシントン
告別の辞

George Washington

"It is our true policy
to steer clear of permanent alliances
with any portion of the foreign world"

外部世界のいずれの地域とも，
永続的な同盟を結ばないのがわれわれの真の国策である

George Washington（1732–1799）初代アメリカ合衆国大統領（無所属）。プランテーションを営む家に生まれ，自身も農園主となる。フレンチ・インディアン戦争と独立戦争を勝利に導いた軍人として名を知られ，大統領に選出される。

演説の背景

　ジョージ・ワシントンは，大英帝国の隷属的な植民者であった人々を，新しい国家の自由市民にするという困難な変遷において同胞たちを導き，歴史的にも，またアメリカ全国民の心の中にも，「建国の父」として永遠の場所を勝ち取った。

　13の植民地と大英帝国とを隔てる問題を解消するために衝突が避けられないことは，1775年までに明白となっていた。そこで，フレンチ・インディアン戦争での経験を買われたワシントンに白羽の矢が立ち，植民地軍隊の指揮を執ることを依頼された。ワシントンは，装備が不十分で，経験も少ない植民地軍隊では，全面強襲の英国常備軍には太刀打ちできないと考え，侵略作戦と局部戦という戦略をとった。6年もの間激しい戦争は続いたが，ワシントンが率いる軍隊は，フランス海軍の援助のもと，1781年のヨークタウンの全面戦争で英国軍を破った。それからまもなくして，アメリカ大陸兵の将校たちは，ワシントンを国王とする君主国を作ることを提言した。しかしワシントンはすぐさまその考えをはねつけた。

　1783年の戦争終結後，ワシントンはバージニアで農園主としての生活に戻った。一方で，新しいアメリカ共和国の行く道は平坦ではなかった。独立戦争時に作成された連合規約は，州同士の連帯感を希薄にし，中央政府の権力を弱めるものであった。1787年，各州は連合規約を見直すための憲法制定会議を開催することに合意し，ワシントンはその議長として選出された。議長という立場であったことから，新憲法にかかわるその議論には参加しなかったが，ワシントンの公平な態度や信望の厚さ，そして高い和解能力は，より強固な政府体制の枠組みを作り出すのに貢献した。新憲法を批准したとき，代表者たちは満場一致でジョージ・ワシントンをアメリカの初代大統領に選んだ。大統領の職に就くことを望んでいなかったワシントンであるが，不承不承ながらこれを引き受けた。

　ワシントンが大統領として直面した問題は，手強いものであった。当時のアメリカは，巨大で敵意に満ちた君主国家の世界の中にある，小さな貧しい農業共和国であった。陸軍や海軍と呼ぶに足るほどの軍隊もなく，また新しい憲法は，かつての連合規約よりは国の運営に関して強固な枠組みを規定してはいたものの，具体性に欠ける部分が多かった。ワシントンは，あらゆることにおいて最初という立場にあって，先例を作るのは自分たちの役目であるということ

をよく承知していた。大統領としてワシントンは，憲法の中に示された理念に忠実であろうとした。国内の政策決定の権限は議会に委任されているものと考え，その権限を侵害しないように努めた。一方，外交条約を協議する権限に関しては，憲法で定められたとおりにそれを受け入れた。さらに，政党の結成には反対の立場をとり，地域ごとに手を組み始めた連立に関しては特に警戒していた。ワシントンは一期目を終えるころには大統領職を退こうと考え，友人のジェームス・マジソンに辞任演説の準備の手助けを依頼している。しかし国内の有力者たちが二期目の続投を頼み，ワシントンは政権闘争を避けるためにこの申し出を受け入れた。

　大統領としての2回目の任期が終わるころに，ワシントンは，4年前にマジソンと作成した辞任演説の草稿に意見をもらうため，信頼のおける数人の顧問に送った。そして自分自身で清書をし，フィラデルフィアの新聞 *The American Daily Advertiser* に原稿を送った。1797年3月，ワシントンはホワイトハウスを後にし，それから3年も経たない1799年12月14日に，この世を去った。

George Washington

FAREWELL ADDRESS

Friends and fellow-citizens:

The period for a new election of a citizen, to administer the executive government of the United States, being not far distant, and the time actually arrived, when your thoughts must be employed in designating the person, who is to be clothed with that important trust, it appears to me proper, especially as it may conduce to a more distinct expression of the public voice, that I should now apprize you of the resolution I have formed, to decline being considered among the number of those out of whom a choice is to be made.

I beg you, at the same time, to do me the justice to be assured that this resolution has not been taken without a strict regard to all the considerations appertaining to the relation which binds a dutiful citizen to his country; and that in withdrawing the tender of service, which silence in my situation might imply, I am influenced by no diminution of zeal for your future interest, no deficiency of grateful respect for your past kindness, but am supported by a full conviction that the step is compatible with both.

The acceptance of, and continuance hitherto in, the office to which your suffrages have twice called me, have been a uniform sacrifice of inclination to the opinion of duty, and to a deference for what appeared to be your desire. I constantly hoped, that it would have been much earlier in my power, consistently with motives, which I was not at liberty to disregard, to return to that retirement, from which I had been

告別の辞

友人諸氏ならびに市民の皆さん，

いよいよアメリカ合衆国行政府の指揮を委ねるべく，新たにひとりの市民を選出するときが迫りつつある。そして，この重大な信託を受けるに足る人物の指名について 慮(おもんぱか)る時期に入った。そこでわたくしは，今こそ，自らの決意を皆さんにお伝えするのがふさわしいと判断した。この決意表明によって世論の明瞭な発現が望めるとあれば，なおさらである。わたくしは，指名対象となる候補者のひとりと考えていただくことを辞退したい。

それと同時に，この決断は，忠実な一市民を祖国に結びつけている関係に付随した，あらゆる事柄を厳しく検討したうえで成されたものであることを，ぜひとも理解していただきたい。大統領職にありながら沈黙を守るわたくしを見て，公務からの引退を察しておられた向きもあろうが，それは皆さんの将来の利益に対する熱意や，過去に皆さんから賜ったご恩への感謝と敬意が薄れたからでは断じてない。それどころかわたくしは，この新たな一歩はそうした感情と矛盾しないとの確信に支えられている。

皆さんの投票にお応えして大統領就任を受諾して以来，今日まで二期にわたり，わたくしがひたすらこの職に尽くしてきたのは，責務に対する所信を守り，国民の要望と思われるものに添いたいがためであった。だがわたくしの胸中には，就任後もっと早い時期に，舞台裏へ戻りたかったとの思いが，たびたび去来した。そこから心ならずも引き出されてしまったのだから。こう思うのにはつねに，看過しえない数々の理由があった。前回の選挙を控えて，この引退願望はさらに膨らみ，皆さんの前でそれを公表する演説まで用意したほどであった。しかしながら，当時の紛糾した危機的な対外関係を熟慮し，信頼のおける方々からの異口同音の助言に従えば，引退は断念するほかなかった。

George Washington

reluctantly drawn. The strength of my inclination to do this, previous to the last election, had even led to the preparation of an address to declare it to you; but mature reflection on the then perplexed and critical posture of our affairs with foreign nations, and the unanimous advice of persons entitled to my confidence impelled me to abandon the idea.

I rejoice, that the state of your concerns, external as well as internal, no longer renders the pursuit of inclination incompatible with the sentiment of duty, or propriety; and am persuaded, whatever partiality may be retained for my services, that, in the present circumstances of our country, you will not disapprove my determination to retire.

The impressions, with which I first undertook the arduous trust, were explained on the proper occasion. In the discharge of this trust, I will only say, that I have, with good intentions, contributed towards the organization and administration of the government the best exertions of which a very fallible judgment was capable. Not unconscious, in the outset, of the inferiority of my qualifications, experience in my own eyes, perhaps still more in the eyes of others, has strengthened the motives to diffidence of myself; and every day the increasing weight of years admonishes me more and more, that the shade of retirement is as necessary to me as it will be welcome. Satisfied, that, if any circumstances have given peculiar value to my services, they were temporary, I have the consolation to believe, that, while choice and prudence invite me to quit the political scene, patriotism does not forbid it.

In looking forward to the moment, which is intended to terminate the career of my public life, my feelings do not permit me to suspend the deep acknowledgment of that debt of gratitude, which I owe to my beloved country for the many

わが国が現在，国内的にも対外的にも，わたくしが責任感や礼節に反することなく引退の意向を実現しうる状況にあることを，喜ばしく思う。わたくしの在任を引き続き願う向きもあるかもしれないが，わが国の現状に照らせば，皆さんも，わたくしの引退の決意によもや反対はなさるまい。

　この重責を初めて受諾したときの印象は，しかるべき機会にすでにお話しした。この責務を離れるにあたり申し上げたいことは，ただひとつ。判断を誤ることも多々あったかと思うが，わたくしは政府の組織および運営のために誠心誠意，全力を尽くしてきたというひと事のみである。就任当初より，自らの資質不足を自覚していなかったわけではないが，経験を重ねるうちに，その思いを裏づける根拠はますます堅固になっていった。自分の目にもそう映るのであるから，傍(はた)から見ればなおさらであったろう。そのうえ，寄る年波の重みはいや増さり，退隠はわたくしの望むところであるばかりか義務でもあると，日ごとに痛感させられた。わたくしの成した仕事に特別な評価をいただけたとしても，それが一時的な事情によるものであることは疑いなく，思慮分別が政治の舞台を降りるよう促すのであれば，愛国心もそれを禁じまいとの思いに，慰めを見出すしだいである。

　公職生活に終止符を打つ節目のときを迎えるにあたり，わたくしは深い感謝の念を禁じえない。親愛なる祖国にお礼を申し上げたい。数々の栄誉を授けてくださったことに対して。とりわけ，ゆるぎない信頼をもって支えてくださったことに対して。そして，その信頼のもと，この国に対するわたくしの侵されざる愛情を示す機会をいただいたことに対して。わたくしは誠実かつ着実に政務を執って，その愛情を体現した。ただし，その成果は熱意に見合うほどではなかったが。もしわたくしの仕事がこの国になんらかの利益をもたらしたというのであれば，以下のことを高く評価し，歴史上の教訓として記憶に留めておいていただきたい。四方八方に向かう情熱に惑わされて道を誤りやすい情勢下，ときとして心もとない展開のただなかに身を置き，気の滅入るような運命の浮沈に直面することもしばしばで，思うにまかせぬ事柄が多く，批判的心情に傾きがちな状況にあって，皆さんの変わらぬ支持こそが政治努力の欠くべからざる支えとなり，その政策目標達成の保証となったのである。わたくしはこのことを胸に深く刻み，死に至るまで片時も忘れず，次のような誓願を日々新たにしたい。もっともすばらしき慈愛の証(あかし)を，天が末永く皆さんに与え給うように。皆さんの団結と同胞愛が永続するように。皆さんが手ずから作り上げた自由な政体が厳粛に維持されるように。あらゆる部門における行政活動が賢明で有徳であるように。そして最後に，自由の庇護(ひご)のもと，この賜物を，細心の注意を払って保持し，慎重に運用することで，諸州の人々の幸福が全(まった)きものと

George Washington

honors it has conferred upon me; still more for the steadfast confidence with which it has supported me; and for the opportunities I have thence enjoyed of manifesting my inviolable attachment, by services faithful and persevering, though in usefulness unequal to my zeal. If benefits have resulted to our country from these services, let it always be remembered to your praise, and as an instructive example in our annals, that under circumstances in which the passions, agitated in every direction, were liable to mislead, amidst appearances sometimes dubious, vicissitudes of fortune often discouraging, in situations in which not unfrequently want of success has countenanced the spirit of criticism, the constancy of your support was the essential prop of the efforts, and a guarantee of the plans by which they were effected. Profoundly penetrated with this idea, I shall carry it with me to my grave, as a strong incitement to unceasing vows that heaven may continue to you the choicest tokens of its beneficence; that your union and brotherly affection may be perpetual; that the free Constitution, which is the work of your hands, may be sacredly maintained; that its administration in every department may be stamped with wisdom and virtue; that, in fine, the happiness of the people of these States, under the auspices of liberty, may be made complete, by so careful a preservation and so prudent a use of this blessing, as will acquire to them the glory of recommending it to the applause, the affection, and adoption of every nation, which is yet a stranger to it.

Here, perhaps I ought to stop. But a solicitude for your welfare which cannot end but with my life, and the apprehension of danger, natural to that solicitude, urge me, on an occasion like the present, to offer to your solemn contemplation, and to recommend to your frequent review,

なるように。それが実現した暁には，この政体をいまだ知らぬ国々にその採用を奨励し，喝采と賛同を呼びつつ，各国に広めるという栄誉に与ることとなろう。

　これ以上，ことばを継ぐべきではないのかもしれない。しかし，国民の福祉はわたくしの終生の関心事であり，そうである以上，当然危機への懸念も湧く。そこで，このような機会にぜひとも若干の所感を述べて，皆さんに勘考していただき，今後も折に触れて思い返すようお願いしたい。この所感は，熟慮と少なからぬ観察の所産であり，皆さんが一国の国民として不朽の至福を享受するうえできわめて重要であると，わたくしには思われる。今回はこれまでに比べて，腹蔵ない見解をお伝えできよう。というのも，偏った助言をする個人的理由をなんら持ちようのない，去り行く友からの公平無私な忠告と受け止めていただけるからである。また，今でもよく覚えているが，以前同じような機会にわたくしが所感を申し上げたとき，皆さんはそれを寛大に聞き入れてくださった。このことが，わたくしの心をさらに強くするのである。

some sentiments which are the result of much reflection, of no inconsiderable observation, and which appear to me all-important to the permanency of your felicity as a people. These will be offered to you with the more freedom, as you can only see in them the disinterested warnings of a parting friend, who can possibly have no personal motive to bias his counsel. Nor can I forget, as an encouragement to it, your indulgent reception of my sentiments on a former and not dissimilar occasion.

Interwoven as is the love of liberty with every ligament of your hearts, no recommendation of mine is necessary to fortify or confirm the attachment.

The unity of government, which constitutes you one people, is also now dear to you. It is justly so; for it is a main pillar in the edifice of your real independence, the support of your tranquillity at home, your peace abroad; of your safety; of your prosperity; of that very liberty, which you so highly prize. But as it is easy to foresee, that, from different causes and from different quarters, much pains will be taken, many artifices employed, to weaken in your minds the conviction of this truth; as this is the point in your political fortress against which the batteries of internal and external enemies will be most constantly and actively (though often covertly and insidiously) directed, it is of infinite moment, that you should properly estimate the immense value of your national union to your collective and individual happiness; that you should cherish a cordial, habitual, and immovable attachment to it; accustoming yourselves to think and speak of it as of the Palladium of your political safety and prosperity; watching for its preservation with jealous anxiety; discountenancing whatever may suggest even a suspicion, that it can in any event be abandoned; and indignantly frowning upon the first

自由への愛は，皆さんの心臓の筋一本一本に織り込まれており，わたくしが老婆心から口をはさんで，その愛着を強めたり確かめたりする必要など，もとよりないのであろう。

　皆さんを一国の国民として団結させている政府のまとまりも，今では皆さんにとって親愛なものになっている。これは故なきことではない。というのも，単一の政府こそ，皆さんの真の独立という殿堂の大切な屋台骨だからである。すなわち，国内の平安や外国との友好関係の支柱，皆さんの安全ならびに繁栄の支柱であるのみならず，誰もがことさらに重視する自由そのものの支柱でもある。しかし，皆さんが胸に抱くこの正しき信念をゆるがそうと，さまざまな理由で多方面から労を惜しまぬ働きかけがなされ，数々の策略がめぐらされるであろうことは予測に難くない。この信念こそ，皆さんの政治的要塞を攻略するべく，内外の敵がもっとも執拗に，激しく（とはいえ，多くの場合，密かにこちらの裏をかいて）集中砲火を浴びせる目標なのである。したがって，皆さんが国民として，そして個人として幸福を享受するためには，国家の団結が有する絶大な価値を正しく評価し，祖国の和合に衷心より生じる不断のゆるぎなき愛着を寄せることが，このうえなく重要になる。国家の団結を自らの政治的な安全と繁栄の守護神と考え，そのように語るよう心がけて，団結を保つために注意深く目配りをし，万が一にもそれが放棄されかねないと疑う場合には，いかなるときにも異を唱えていただきたい。そして，わが国の一部なりとも分離させようとする試み，あるいは，現在わが国のさまざまな地域をひとつにつないでいる絆を弱めようとする試みがわずかでも浮上したなら，憤然と退けようではないか。

George Washington

dawning of every attempt to alienate any portion of our country from the rest, or to enfeeble the sacred ties which now link together the various parts.

For this you have every inducement of sympathy and interest. Citizens, by birth or choice, of a common country, that country has a right to concentrate your affections. The name of American, which belongs to you, in your national capacity, must always exalt the just pride of patriotism, more than any appellation derived from local discriminations. With slight shades of difference, you have the same religion, manners, habits, and political principles. You have in a common cause fought and triumphed together; the independence and liberty you possess are the work of joint counsels, and joint efforts, of common dangers, sufferings, and successes.

But these considerations, however powerfully they address themselves to your sensibility, are greatly outweighed by those, which apply more immediately to your interest. Here every portion of our country finds the most commanding motives for carefully guarding and preserving the Union of the whole.

The North, in an unrestrained intercourse with the South, protected by the equal laws of a common government, finds, in the productions of the latter, great additional resources of maritime and commercial enterprise and precious materials of manufacturing industry. The South, in the same intercourse, benefiting by the agency of the North, sees its agriculture grow and its commerce expand. Turning partly into its own channels the seamen of the North, it finds its particular navigation invigorated; and, while it contributes, in different ways, to nourish and increase the general mass of the national navigation, it looks forward to the protection of a maritime strength, to which itself is unequally adapted. The East, in a

皆さんが国家の団結に共感と関心を寄せるのは，しごく当然のことである。生まれながらの市民であれ，自らの選択によって市民となった者であれ，皆さんは同じ国を祖国とするのであり，この国には皆さんの愛情を一身に受ける権利がある。皆さんが一国の国民として有するアメリカ人という名称は，地域的な区別から生じたどのような呼称にもまして，愛国心という正当な誇りをたえず高めるものでなくてはならない。多少の相違こそあれ，皆さんは同じ宗教や風習，習慣，政治信条を持っている。共通の大義を掲げて戦い，勝利を分かち合った仲間である。皆さんが享受している独立と自由は，膝を突き合わせて協議し，一致団結して努力した末に勝ち取ったものであり，数々の危険と苦難と幸運をともに経てきた成果なのである。

　だが，こうした考察がいかに皆さんの感性に強く訴えかけようとも，皆さんの利害に，より直接的にかかわる事由には及びもつかない。そこにこそ，わが国のあらゆる方面が国家全体の団結を慎重に保護し，維持するきわめて重大な動機が見出される。

　北部諸州は南部諸州となんら制限なく交流を持つ過程において，共通の政府から平等な法的保護を受けているが，その北部にとって南部の生産物は，海運や通商といった事業を一段と飛躍させる重要な資源であり，製造業の貴重な原材料でもある。南部もまたこの交流において，北部の活動の恩恵に浴しており，農業の発展と通商の拡大が望める。北部の水夫を部分的に地元の水路に招き入れることで，南部の海運業は活況を呈している。南部が，国全体としての海運業の育成および発展に種々の形で寄与しながらも，その一方で，自分たちをしのぐ北部の海運力の保護を頼みとしているのもまた事実である。東部諸州も，同様の交流を西部諸州と有し，外国から輸入した商品や地元で生産した製品の有用な販路をすでに見出している。陸路および水路による国内交通網がしだいに整備されるにつれ，西部の重要性は今後ますます高まると予想される。他方，西部は地域の発展と快適な生活に必要な物資を東部から調達している。西部にとって，ことによるとさらに重大な問題は，地元生産物に不可欠な販路の確保を，合衆国大西洋岸の優位性や影響力，将来の海運力に頼らざるをえない点にある。だがこれは，単一国家としての不可分の共通利益を考えればいたしかたない。西部がこの決定的な便宜を確保するために，自力のみを頼むにせよ，国に背を向けて外国と不自然な関係を結ぶにせよ，ほかの手段をとれば，必ずや本質的な危険を伴うことになる。

George Washington

like intercourse with the West, already finds, and in the progressive improvement of interior communications by land and water, will more and more find a valuable vent for the commodities which it brings from abroad, or manufactures at home. The West derives from the East supplies requisite to its growth and comfort, and, what is perhaps of still greater consequence, it must of necessity owe the secure enjoyment of indispensable outlets for its own productions to the weight, influence, and the future maritime strength of the Atlantic side of the Union, directed by an indissoluble community of interest as one nation. Any other tenure by which the West can hold this essential advantage, whether derived from its own separate strength, or from an apostate and unnatural connexion with any foreign power, must be intrinsically precarious.

While, then, every part of our country thus feels an immediate and particular interest in Union, all the parts combined cannot fail to find in the united mass of means and efforts greater strength, greater resource, proportionably greater security from external danger, a less frequent interruption of their peace by foreign nations; and, what is of inestimable value, they must derive from Union an exemption from those broils and wars between themselves, which so frequently afflict neighbouring countries not tied together by the same governments, which their own rivalships alone would be sufficient to produce, but which opposite foreign alliances, attachments, and intrigues would stimulate and embitter. Hence, likewise, they will avoid the necessity of those overgrown military establishments, which, under any form of government, are inauspicious to liberty, and which are to be regarded as particularly hostile to Republican liberty. In this sense it is, that your Union ought to be considered as a main

このように，わが国ではいかなる地域も，国家の団結に直接の，そしてそれぞれ独自の利益を見出しているが，その一方で，すべての地域が持てる資源を提供し合い，一丸となって努力すれば，力と富の拡大が図られることも間違いない。それに比例して，外部からの危険に対する防御も強まり，外国に自国の平和を乱される機会は減少する。なかでも，国の団結が有するかけがえのない利点は，各地域間の諍(いさか)いや戦争を免れることにある。同一の政府によって統轄されていない隣接国家間では，こうした紛争が絶えない。紛争は互いの競争意識のみからも生じうるが，そこに，対立する外国勢力との同盟や接近，謀略などが絡むと，いっそう激しく凄惨なものとなろう。同じ理由から，わが国ではどの地域も過重な軍備を免れる。いかなる政体下であれ，過重な軍備は自由にとって不吉なものであるが，共和政における自由にはとりわけ有害だと考えねばならない。この意味において，国民の団結は皆さんの自由の主柱の一本であり，自由を愛するならば，団結の維持を大事と心得る必要がある。

[14] **connexion**　connection の意味。当時はこのようにつづられていた。

prop of your liberty, and that the love of the one ought to endear to you the preservation of the other.

These considerations speak a persuasive language to every reflecting and virtuous mind, and exhibit the continuance of the Union as a primary object of patriotic desire. Is there a doubt, whether a common government can embrace so large a sphere? Let experience solve it. To listen to mere speculation in such a case were criminal. We are authorized to hope, that a proper organization of the whole, with the auxiliary agency of governments for the respective subdivisions, will afford a happy issue to the experiment. It is well worth a fair and full experiment. With such powerful and obvious motives to Union, affecting all parts of our country, while experience shall not have demonstrated its impracticability, there will always be reason to distrust the patriotism of those, who in any quarter may endeavour to weaken its bands.

In contemplating the causes, which may disturb our Union, it occurs as matter of serious concern, that any ground should have been furnished for characterizing parties by geographical discriminations, Northern and Southern, Atlantic and Western; whence designing men may endeavour to excite a belief, that there is a real difference of local interests and views. One of the expedients of party to acquire influence, within particular districts, is to misrepresent the opinions and aims of other districts. You cannot shield yourselves too much against the jealousies and heart-burnings, which spring from these misrepresentations; they tend to render alien to each other those, who ought to be bound together by fraternal affection. The inhabitants of our western country have lately had a useful lesson on this head; they have seen, in the negotiation by the Executive, and in the unanimous ratification by the Senate, of the treaty with Spain, and in the universal

以上のような考察は，思慮深い高潔の諸氏の心に力強く訴えかけ，団結の存続こそ愛国心の希求する第一目標であることを示す。では，単一の共通政府がこれほどまでに広い範囲を包摂しうることに，疑問の余地はあるだろうか。その答えは経験が証明するのを待とう。この種の問題で単なる憶測に耳を傾けるなど，言語道断である。それぞれの下部区域を担当する補助機関を設置し，国全体を統轄するしかるべき組織を整備すれば，この試みを成功に導けると期待するのは，当然のことである。正面から手を尽くして取り組んでみるだけの価値は十分あろう。団結を求める動機は強く明白であり，国内のあらゆる地域に影響することに鑑みれば，経験によりこの試みが実現不可能だと証明されないかぎり，わが国の絆を弱めようと努める者があれば，いかなる人物であれ，その愛国心を疑ってかかるのは，決して不当とは言えまい。

　われわれの団結を乱しかねぬ要因について考察すると，重大な懸念が浮かぶ。それは，北部や南部，大西洋岸や西部といった地理的な区分によって，党派を位置づけることを許す土壌が存在するのではないかという問題である。権謀家たちがそれを利用して，各地の利害や見解には現に食い違いがあるとの風評をあおろうとしないともかぎらない。ある特定の地区内における自党の地歩を固めようとする場合，ほかの地区の意見や目標を歪曲するのもひとつの方策である。こうした詐術に誘発される嫉妬や不満に対しては，どれほど用心しようとも十分とは言えない。この策略にはまって，本来同胞愛によって結束しているべき者どうしが，互いに反目する例も珍しくはないのである。近年，わが国西部において，住民たちはこうした危機に関する有用な教訓を得た。スペインとの条約締結に際し，行政府が交渉を行い，議会上院が全会一致で批准し，合衆国全土で賛同が示されるのを目の当たりにした西部住民は，中央政府や大西洋岸諸州の政策がミシシッピ川流域に有する自分たちの利益を損なうのではないかとの巷（ちまた）の疑念が，根も葉もない噂だったことをはっきりと悟ったのである。彼らの目前で，イギリスならびにスペインを相手とするふたつの条約が締結された。両条約により，わが国の対外関係において，彼らが地域の繁栄を確保するために望みうるものすべてが保証された。彼らが以上のような便宜を維持するうえでも，それらを得たときと同じく，団結の力を頼みとするのは賢明ではなかろうか。今後は，たとえ彼らを同胞と決別させ，敵対者と組ませようともくろむ者が出てきたとしても，そうした人物に彼らは耳を貸しはしないのではないか。

George Washington

satisfaction at that event, throughout the United States, a decisive proof how unfounded were the suspicions propagated among them of a policy in the General Government and in the Atlantic States unfriendly to their interests in regard to the Mississippi; they have been witnesses to the formation of two treaties, that with Great Britain, and that with Spain, which secure to them every thing they could desire, in respect to our foreign relations, towards confirming their prosperity. Will it not be their wisdom to rely for the preservation of these advantages on the Union by which they were procured? Will they not henceforth be deaf to those advisers, if such there are, who would sever them from their brethren, and connect them with aliens?

To the efficacy and permanency of your Union, a government for the whole is indispensable. No alliances, however strict, between the parts can be an adequate substitute; they must inevitably experience the infractions and interruptions, which all alliances in all times have experienced. Sensible of this momentous truth, you have improved upon your first essay, by the adoption of a constitution of government better calculated than your former for an intimate Union, and for the efficacious management of your common concerns. This government, the offspring of our own choice, uninfluenced and unawed, adopted upon full investigation and mature deliberation, completely free in its principles, in the distribution of its powers, uniting security with energy, and containing within itself a provision for its own amendment, has a just claim to your confidence and your support. Respect for its authority, compliance with its laws, acquiescence in its measures, are duties enjoined by the fundamental maxims of true liberty. The basis of our political systems is the right of the people to make and to alter their constitutions of government.

皆さんが未来永劫にわたって有効に団結を守り抜くには，国全体を統轄する単一政府が不可欠である。いかに緊密なものであろうと，地域間の同盟にその代役は務まらない。というのも，歴史上のつねとしてあらゆる同盟が経験してきたように，協定違反や機能不全は避けられないからである。この重大な真理を心得た皆さんは，最初の試みを改善し，政府の最高法規たる憲法を採択した。本法は，緊密な団結と共通の懸案への有効な対処に資するべく，以前の規約以上によく練り上げられている。この政府は，われわれ独自の斟酌（しんしゃく）なき選択の所産であり，仔細な検討と熟考に基づいて採択された。そして，その理念においても，権力の配分においても完全に自由であり，安全と活力とを一体化し，自らの体制を修正する条項も内包する。このような政府は，皆さんの信頼と支持を受けるにふさわしい。政府の権威の尊重，その法の遵守，その施策への恭順は，真の自由の基本原理が命じる義務である。わが国の政治制度の基礎は，政府の最高法規たる憲法を制定し，改変する国民の権利にある。しかしながら，現行の憲法は，いかなるときも全国民の明白かつ真正な行為により変更されないかぎり，すべての国民に厳粛な遵守義務を課す。そもそも，国民が政府を樹立する権力と権利を有するという思想自体，各個人は樹立した政府に従う義務があるとの前提に依拠しているのである。

---

[4] **the Mississippi** 長さ6,000kmを超えるアメリカ最長の川。ミネソタ州を源流とする。　[5] **the formation of two treaties, that with Great Britain, and that with Spain** イギリスに北西部の要塞からの同国軍撤退を再約定させた1794年のいわゆる「ジェイ条約」と，スペインにミシシッピ川におけるアメリカの航行権を認めさせ，フロリダ国境線の画定も果たした1795年のいわゆる「ピンクネー条約」を指すと思われる。　[20] **first essay** 連合規約を指す。連合規約は1781年に13州の批准を得て成立。これにより，各州1票ずつの表決権を持つ連合会議が設置され，中央政府としての役割を与えられたが，その権力は弱く，単一国家というよりは国家の連合体であった。

But the Constitution which at any time exists, till changed by an explicit and authentic act of the whole people, is sacredly obligatory upon all. The very idea of the power and the right of the people to establish government presupposes the duty of every individual to obey the established government.

All obstructions to the execution of the laws, all combinations and associations, under whatever plausible character, with the real design to direct, control, counteract, or awe the regular deliberation and action of the constituted authorities, are destructive of this fundamental principle, and of fatal tendency. They serve to organize faction, to give it an artificial and extraordinary force; to put, in the place of the delegated will of the nation, the will of a party, often a small but artful and enterprising minority of the community; and, according to the alternate triumphs of different parties, to make the public administration the mirror of the ill-concerted and incongruous projects of faction, rather than the organ of consistent and wholesome plans digested by common counsels, and modified by mutual interests.

However combinations or associations of the above description may now and then answer popular ends, they are likely, in the course of time and things, to become potent engines, by which cunning, ambitious, and unprincipled men will be enabled to subvert the power of the people, and to usurp for themselves the reins of government; destroying afterwards the very engines, which have lifted them to unjust dominion.

Towards the preservation of your government, and the permanency of your present happy state, it is requisite, not only that you steadily discountenance irregular oppositions to its acknowledged authority, but also that you resist with care

法の執行に対する妨害行為はどれも，この基本原理を崩壊させかねず，致命的な性質を帯びている。また，いかにもっともらしい建前を並べようとも，法に則って設置された機関による正規の審理や施策を指図，支配，無効化，あるいは圧迫するところに真意のある提携や同盟もすべて，同じ危険を孕む。こうした行為がなされれば，派閥の形成が助長され，そこにひとかたならぬ不自然な勢力が与えられる危険が生じる。また，国民に託された意思に代えて，一党派の意思がまかり通ることにもつながる。その党派が，小規模ながら狡猾で目ざといな社会の小数派である場合も多い。さらには，いくつもの党派が政権交代を演じるために，行政府はまとまりも一貫性もない派閥の政策案を映し出す鏡に堕し，もはや共同の協議に基づいて立案され，相互利益のために修正される首尾一貫した健全な施策の執行機関たりえなくなる。

　以上のような提携や同盟が，ときに民衆の目的に適う場合もなくはないが，やがて，それを強力な原動力に，狡猾で野心的な不届き者たちが国民の権力を蹂躙し，政治を思いのままに動かし始める危険性が高い。そして，ひとたび彼らが不当にも支配的地位に登り詰めてしまえば，その原動力となった連帯関係そのものは破棄されるのである。

　皆さんの政府を維持し，現在の幸福な状態を永続させるためには，正規に認知された権威に対してときおり示される抵抗を決して容認しないのはもとより，いかにまことしやかな体裁を取り繕っていようとも，政府理念の刷新などという趨勢には慎重に抗う必要がある。政体のありように変更を加えてその制度の活力を損い，直接には転覆できぬ政府を徐々に弱体化させるというのも，攻撃手法のひとつとしてありうる。いかなる変革を呼びかけられても，次のことを忘れないでいただきたい。政府の真の性格が定まるには，人間が生み出したほかの諸制度の場合と少なくとも同程度に，時間と実践の積み重ねを要する。経験こそが，一国の現行制度の本質を検証するもっとも確実な基準なのである。単なる仮説や見解に拠って安易に変更を加えるならば，仮説や見解などは無数に存在するので，際限なく変更が繰り返される危険にさらされる。ことに，わが国のような広大な国において国民の共通の利害を効果的に管理するには，自由の完全なる保障と両立するかぎりにおいて，もっとも積極果敢な政府が不可欠であることは，心しておいていただきたい。自由にとっても，権力が適切に配分かつ調整されたこのような政府こそ，もっとも信頼できる守護者なのである。政府が脆弱で，派閥の論理をはねつけられず，社会の構成員を法の定めた枠内に収めきれず，万人に人権と財産権を安全かつ平穏に享受させえないのならば，自由など単なる名目にすぎなくなる。

George Washington

the spirit of innovation upon its principles, however specious the pretexts. One method of assault may be to effect, in the forms of the constitution, alterations, which will impair the energy of the system, and thus to undermine what cannot be directly overthrown. In all the changes to which you may be invited, remember that time and habit are at least as necessary to fix the true character of governments, as of other human institutions; that experience is the surest standard, by which to test the real tendency of the existing constitution of a country; that facility in changes, upon the credit of mere hypothesis and opinion, exposes to perpetual change, from the endless variety of hypothesis and opinion; and remember, especially, that, for the efficient management of our common interests, in a country so extensive as ours, a government of as much vigor as is consistent with the perfect security of liberty is indispensable. Liberty itself will find in such a government, with powers properly distributed and adjusted, its surest guardian. It is, indeed, little else than a name, where the government is too feeble to withstand the enterprises of faction, to confine each member of the society within the limits prescribed by the laws, and to maintain all in the secure and tranquil enjoyment of the rights of person and property.

I have already intimated to you the danger of parties in the state, with particular reference to the founding of them on geographical discriminations. Let me now take a more comprehensive view, and warn you in the most solemn manner against the baneful effects of the spirit of party, generally.

This spirit, unfortunately, is inseparable from our nature, having its root in the strongest passions of the human mind. It exists under different shapes in all governments, more or less stifled, controlled, or repressed; but, in those of the popular

国内の党派分立が孕む危険性については，すでに触れ，それが地理的区分に基づく場合については特筆した。ここからは，党派心がもたらす有害な影響一般について，より大局的な見地に立ち，このうえなく厳粛に警告を発したい。

　遺憾ながら，党派心は人心のもっとも強い熱情に根差し，われわれ人間の本性と分かち難く結びついている。多かれ少なかれ抑制あるいは制御，抑圧されつつも，あらゆる政府のもとに，さまざまな形で存在する。だがそれは，民主的な政府にあって最悪の様相を呈し，まさしく民主政治最大の敵となる。

form, it is seen in its greatest rankness, and is truly their worst enemy.

The alternate domination of one faction over another, sharpened by the spirit of revenge, natural to party dissension, which in different ages and countries has perpetrated the most horrid enormities, is itself a frightful despotism. But this leads at length to a more formal and permanent despotism. The disorders and miseries, which result, gradually incline the minds of men to seek security and repose in the absolute power of an individual; and sooner or later the chief of some prevailing faction, more able or more fortunate than his competitors, turns this disposition to the purposes of his own elevation, on the ruins of public liberty.

Without looking forward to an extremity of this kind, (which nevertheless ought not to be entirely out of sight,) the common and continual mischiefs of the spirit of party are sufficient to make it the interest and duty of a wise people to discourage and restrain it.

It serves always to distract the public councils, and enfeeble the public administration. It agitates the community with ill-founded jealousies and false alarms; kindles the animosity of one part against another, foments occasionally riot and insurrection. It opens the door to foreign influence and corruption, which find a facilitated access to the government itself through the channels of party passions. Thus the policy and the will of one country are subjected to the policy and will of another.

There is an opinion, that parties in free countries are useful checks upon the administration of the government, and serve to keep alive the spirit of liberty. This within certain limits is probably true; and in governments of a Monarchical

党派どうしの軋轢につきものの復讐心は，これまでにも諸国において忌まわしい大過を招いてきた。復讐心にいきり立つ派閥間を支配権が転々とするという状況は，それ自体恐るべき専制政治と言えよう。しかしそれはやがて，永続的な本式の専制政治を生む。不安定な政治により無秩序と窮状に見舞われると，人間はしだいに一個人の絶対権力のもとで安全と平穏を得たいと望むようになる。すると早晩，民衆のこのような心性を利用して，競争相手より能力あるいは運に恵まれた有力派閥の指導者が自らの地位向上を図ることとなり，人民の自由は潰える。

　この種の極端な事態は想定外としても（とはいえ，完全に視野から排除するわけにはゆくまい），党派心からたえず生じる一般的な害悪を思えば，それを妨げ，抑え込むのが，賢明な国民の利益であり義務であることは十分理解していただけよう。

　党派心は国家の諸会議を紛糾させ，国家の施政を弱体化させずにはおかない。根拠なき嫉妬や無用の警戒心をあおっては，社会をかき乱す。内輪の憎悪をたきつけ，ときに暴動や反乱を扇動する。さらには，外国による干渉や不正行為に門戸を開く。見境のない党派心という抜け道を利用すれば，外国勢は政府本体にやすやすとたどり着ける。その結果，一国の政策と意思は，他国の政策と意思に従属することとなる。

　自由な国家における党派の分立は，政府行政の監督手段として有効であり，活気ある自由の精神を保つうえで役立つとの見解もある。これにも，それなりの理はあろう。また，君主制的色彩の濃い政府では，愛国心の見地から，党派心は好ましいとは言わぬまでも，許容の範囲内にあるかもしれない。しかし，民主的な性格の政府，すなわち純粋に選挙のみに立脚した政府においては，そのような精神は決して推奨できない。その本質的傾向から，民主的政府には，あらゆる有為の目的にかなうだけの党派心がつねに存在することは間違いない。それどころか，度を越す危険性がたえずつきまとう。そうであれば，世論の力でこれを緩和し，鎮める努力を払わねばならない。党派心という消しえぬ火が炎を吹き上げぬよう終始警戒が怠れない。さもないと，暖をとるどころか，すべてが焼き尽くされてしまう。

cast, patriotism may look with indulgence, if not with favor, upon the spirit of party. But in those of the popular character, in governments purely elective, it is a spirit not to be encouraged. From their natural tendency, it is certain there will always be enough of that spirit for every salutary purpose. And, there being constant danger of excess, the effort ought to be, by force of public opinion, to mitigate and assuage it. A fire not to be quenched, it demands a uniform vigilance to prevent its bursting into a flame, lest, instead of warming, it should consume.

It is important, likewise, that the habits of thinking in a free country should inspire caution, in those intrusted with its administration, to confine themselves within their respective constitutional spheres, avoiding in the exercise of the powers of one department to encroach upon another. The spirit of encroachment tends to consolidate the powers of all the departments in one, and thus to create, whatever the form of government, a real despotism. A just estimate of that love of power, and proneness to abuse it, which predominates in the human heart, is sufficient to satisfy us of the truth of this position. The necessity of reciprocal checks in the exercise of political power, by dividing and distributing it into different depositories, and constituting each the guardian of the public weal against invasions by the others, has been evinced by experiments ancient and modern; some of them in our country and under our own eyes. To preserve them must be as necessary as to institute them. If, in the opinion of the people, the distribution or modification of the constitutional powers be in any particular wrong, let it be corrected by an amendment in the way, which the Constitution designates. But let there be no change by usurpation; for, though this, in one instance, may be the instrument of good, it is the customary weapon by

同様に，以下の事項もまた重要である。自由な国家においては，施政を託された人物は，憲法に規定された各自の領分を逸脱することのないよう自らを律し，ある部門の権力を行使するに際して他部門の権力を侵害せぬよう，たえず自省を重ねる必要がある。越権を許す気風は，あらゆる部門の権力をひとところに集約し，政体の形態を問わず，真の専制政治を生み出すことにつながる。人間の胸のうちに巣食う権力への欲望とその濫用傾向を正しく見定めれば，この見解にはすぐさま得心がゆこう。政治権力の行使において，権力を分割して複数の部署に配分し，それぞれの部署をほかからの侵犯を防ぐ国民福祉の番人に任じて，相互監視を行わせる必要性を示す実例は，今も昔も事欠かない。そのいくつかは，わが国で，われわれの目の前で起きている。こうした機能の維持は，その制度化に劣らず重要である。国民の目から見て，憲法上の権力の配分や加減に何かしら具体的問題がある場合は，憲法に定められた修正手続きに則って，是正していただきたい。しかし，権力奪取による変更は論外である。それが善を成す手段である場合もあろうが，自由な政府を崩壊させる武器となるのがつねである。ひとたび権力奪取の前例を作ってしまえば，たとえそこから部分的あるいは一時的な利益が生じたとしても，必ずそれを大きく上回る悪影響が永続することとなろう。

which free governments are destroyed. The precedent must always greatly overbalance in permanent evil any partial or transient benefit, which the use can at any time yield.

Of all the dispositions and habits, which lead to political prosperity, religion and morality are indispensable supports. In vain would that man claim the tribute of patriotism, who should labor to subvert these great pillars of human happiness, these firmest props of the duties of men and citizens. The mere politician, equally with the pious man, ought to respect and to cherish them. A volume could not trace all their connexions with private and public felicity. Let it simply be asked, where is the security for property, for reputation, for life, if the sense of religious obligation desert the oaths, which are the instruments of investigation in courts of justice? And let us with caution indulge the supposition, that morality can be maintained without religion. Whatever may be conceded to the influence of refined education on minds of peculiar structure, reason and experience both forbid us to expect, that national morality can prevail in exclusion of religious principle.

It is substantially true, that virtue or morality is a necessary spring of popular government. The rule, indeed, extends with more or less force to every species of free government. Who, that is a sincere friend to it, can look with indifference upon attempts to shake the foundation of the fabric?

Promote, then, as an object of primary importance, institutions for the general diffusion of knowledge. In proportion as the structure of a government gives force to public opinion, it is essential that public opinion should be enlightened.

政治の繁栄をもたらすあらゆる資質や習慣の中でも，宗教と道徳は欠くべからざる心棒である。人類の幸福を支えるこの巨大な柱石，人間および市民としての責務を後押しする最強の支柱を打ち倒そうと画策する者が，愛国心を誇ろうとしたところで無駄である。一政治家と言えども，敬虔な人々と同じく，宗教と道徳を敬い，大切にすべきである。このふたつと公私にわたる幸福の関連を漏れなく挙げようとすれば，一巻の書物にすら収め切れまい。そこで，単純にこう考えていただきたい。もしも，裁判所での審理に際して行われる宣誓から，宗教的義務の意味合いが抜け落ちたなら，財産，名誉，生命の保証などどこで得られようか。宗教がなくとも道徳は守られるという仮定には，慎重に対処すべきである。ある種の思考構造を持つ人々に対しては，洗練された教育がなんらかの効果をあげることもあろうが，理性と経験に従えば，宗教的な信条なくして国民道徳が広く実践されうることは期待しえない。

　美徳や道徳は，民主政体に不可欠な根源のひとつであると言っても差し支えない。それどころか，この原理はおおむね，あらゆる種類の自由な政府に通じる。自由な政府の誠実な支持者であれば，その組織の基礎をゆるがす姦計を，どうして平然と見過ごせようか。

　したがって，最優先課題として，知識の一般的普及を目指した制度の整備を推進すべきであろう。政府組織が世論に力を与える度合いに応じて，その啓発も緊要となる。

As a very important source of strength and security, cherish public credit. One method of preserving it is, to use it as sparingly as possible; avoiding occasions of expense by cultivating peace, but remembering also that timely disbursements to prepare for danger frequently prevent much greater disbursements to repel it; avoiding likewise the accumulation of debt, not only by shunning occasions of expense, but by vigorous exertions in time of peace to discharge the debts, which unavoidable wars may have occasioned, not ungenerously throwing upon posterity the burthen, which we ourselves ought to bear. The execution of these maxims belongs to your representatives, but it is necessary that public opinion should cooperate. To facilitate to them the performance of their duty, it is essential that you should practically bear in mind, that towards the payment of debts there must be revenue; that to have revenue there must be taxes; that no taxes can be devised, which are not more or less inconvenient and unpleasant; that the intrinsic embarrassment, inseparable from the selection of the proper objects (which is always a choice of difficulties), ought to be a decisive motive for a candid construction of the conduct of the government in making it, and for a spirit of acquiescence in the measures for obtaining revenue, which the public exigencies may at any time dictate.

Observe good faith and justice towards all nations; cultivate peace and harmony with all. Religion and morality enjoin this conduct; and can it be, that good policy does not equally enjoin it? It will be worthy of a free, enlightened, and, at no distant period, a great nation, to give to mankind the magnanimous and too novel example of a people always guided by an exalted justice and benevolence. Who can doubt, that, in the course of time and things, the fruits of such a plan

国力と安全のきわめて重要な源として，財政を大切にしていただきたい。健全な財政を維持する方策のひとつは，できるかぎり支出を節減することである。平和を培い，支出の機会を回避せねばならない。ただし，有事の備えに時宜を得た支出を行っておけば，後に目前に迫った危険を退けるのに要するはるかに大きな支出を免れる場合が多いことも，肝に銘じておく必要がある。同様に，債務の累積も避けねばならない。単に支出の機会を回避するのみならず，平時には，避けようのなかった戦争がもたらした債務の償還に励むべきである。われわれが引き受けるべき重荷を，卑劣にも子孫に押しつけたりはするまい。以上に述べた原理の実践は，皆さんの代表者の手に委ねられるが，世論の協力も不可欠である。代表者の職務執行を容易ならしめるためには，次のことをよく心に刻んでおかねばならない。債務の償還には財政収入を要する。財政収入を得るには課税を要する。課税は程度の差こそあれ，迷惑で不愉快なものでしかありえない。しかるべき課税対象の選択（これはつねに困難な仕事である）に際しては必ず当惑を覚えるものであるから，これを十分踏まえたうえで，税制立案に関する政府の取り組みは包み隠しのないものとし，公共の目的のためにいつ必要になるとも知れぬ税収確保の施策には，恭順の意を示さねばならない。

　すべての国家に対して誠実な態度で臨み，公正を守っていただきたい。どの国とも平和と調和を育むのである。宗教と道徳が，こうした行動を命じている。そして賢明な政策もまた，同じことを命じないはずがあろうか。自由で，見識が高く，近い将来偉大な国家になるであろうわが国こそ，正義と博愛という崇高な精神につねに導かれた，史上類を見ない高潔な国民像の模範を全人類に示すにふさわしいであろう。この目標を徹頭徹尾貫き通すために，たとえ一時的な利益を失おうとも，やがてはそれを補ってあまりある成果があがることを誰が疑いえよう。神の摂理が，国家の永遠の至福をその美徳に結びつけていないはずがない。少なくとも，人間性を高邁たらしめる心情は例外なく，この目標を試すべきだと提言している。それがあろうことか，人間性に巣食う悪徳により，この試みまでもが不可能となることなどあるだろうか。

George Washington

would richly repay any temporary advantages, which might be lost by a steady adherence to it? Can it be, that Providence has not connected the permanent felicity of a nation with its virtue? The experiment, at least, is recommended by every sentiment which ennobles human nature. Alas! is it rendered impossible by its vices?

In the execution of such a plan, nothing is more essential, than that permanent, inveterate antipathies against particular nations, and passionate attachments for others, should be excluded; and that, in place of them, just and amicable feelings towards all should be cultivated. The nation, which indulges towards another a habitual hatred, or a habitual fondness, is in some degree a slave. It is a slave to its animosity or to its affection, either of which is sufficient to lead it astray from its duty and its interest. Antipathy in one nation against another disposes each more readily to offer insult and injury, to lay hold of slight causes of umbrage, and to be haughty and intractable, when accidental or trifling occasions of dispute occur. Hence frequent collisions, obstinate, envenomed, and bloody contests. The nation, prompted by ill-will and resentment, sometimes impels to war the government, contrary to the best calculations of policy. The government sometimes participates in the national propensity, and adopts through passion what reason would reject; at other times, it makes the animosity of the nation subservient to projects of hostility instigated by pride, ambition, and other sinister and pernicious motives. The peace often, sometimes perhaps the liberty, of nations has been the victim.

So likewise, a passionate attachment of one nation for another produces a variety of evils. Sympathy for the favorite nation, facilitating the illusion of an imaginary common interest, in cases where no real common interest exists, and

上述のような目標を実践するうえで何にもまして肝要なのは、ある特定の国々に対して終始根深い反感を抱いたり、また別の国々に対して激しく傾倒したりしないことである。その代わりに、すべての国に対する公正で友好的な感情を醸成せねばならない。他国に対してつねに憎しみあるいは偏愛を抱くことを容認する国家は、ある意味で奴隷と変わらない。すなわち、自らの憎悪あるいは愛情の奴隷であって、どちらの感情もそれだけで、自国の義務や利益に沿った正道を踏み誤る原因となりうる。ある国が別の国に対して反感を抱いていると、偶然、あるいはとるに足らぬ原因から諍(いさか)いになったとき、どちらもためらいなく侮辱や損害を与え合い、ささいなことにも腹を立て、息巻いて意固地になりがちである。そこからしばしば衝突が惹起(じゃっき)され、執拗で、毒々しく、血なまぐさい抗争に発展する。敵意や恨みにかられた国民は、熟慮に基づく最善の政策に反して政府を戦争へと駆り立てることがある。政府の方も、国民の趨勢に迎合し、理性が働けば拒絶すべき事柄を激情から承認してしまうこともある。またときには、国民の憎悪を、高慢や野心をはじめとする邪悪で有害な動機から出た非友好的な目論見に利用する。その結果、国家の安寧はしばしば乱され、ときに自由までもが犠牲になってきた。

　同様に、他国に対する激しい傾倒もまた、さまざまな害悪をもたらす。ひいきの国に共感を寄せていると、共通の利益が実在しない場合にも、存在するかのような幻想を抱きがちになり、相手の敵意をわがものとして取り込んでしまう。これにより、十分な動機や大義名分もなく、相手国の紛争や戦争に巻き込まれてゆくのである。さらに、他国への傾倒が昂じると、その国に他国には与えていない特権を認めることにもなる。これは特権を付与する側の国にとって、二重の痛手となる場合が多い。ひとつには、保持しておくべきだった権利をいたずらに分け与えたこと、もうひとつには、同様の特権を供与されなかった陣営の妬みや反感、報復心を買うことによる。また、こうした傾倒に引きずられて、野心的な市民、欲得に堕した市民、あるいはまともな判断のできぬ市民は、(ひいきの国に執心するあまり)たやすく自国の利益を売り渡したり、それを犠牲にしたりするようになる。ところが、当人は非難されぬばかりか、ときに賞賛さえ受ける。彼らは自身の野心や欲得、心酔するものに卑しくも、あるいは愚かにも従ったにすぎぬにもかかわらず、あたかも高邁な義務感に駆られ、あるいは感心にも世論を重視し、あるいは公益を志す立派な熱意を帯びているかのような外観を取り繕うからである。

George Washington

infusing into one the enmities of the other, betrays the former into a participation in the quarrels and wars of the latter, without adequate inducement or justification. It leads also to concessions to the favorite nation of privileges denied to others, which is apt doubly to injure the nation making the concessions; by unnecessarily parting with what ought to have been retained; and by exciting jealousy, ill-will, and a disposition to retaliate, in the parties from whom equal privileges are withheld. And it gives to ambitious, corrupted, or deluded citizens, (who devote themselves to the favorite nation,) facility to betray or sacrifice the interests of their own country, without odium, sometimes even with popularity; gilding, with the appearances of a virtuous sense of obligation, a commendable deference for public opinion, or a laudable zeal for public good, the base or foolish compliances of ambition, corruption, or infatuation.

As avenues to foreign influence in innumerable ways, such attachments are particularly alarming to the truly enlightened and independent patriot. How many opportunities do they afford to tamper with domestic factions, to practise the arts of seduction, to mislead public opinion, to influence or awe the public councils! Such an attachment of a small or weak, towards a great and powerful nation, dooms the former to be the satellite of the latter.

Against the insidious wiles of foreign influence (I conjure you to believe me, fellow-citizens) the jealousy of a free people ought to be constantly awake; since history and experience prove, that foreign influence is one of the most baneful foes of republican government. But that jealousy, to be useful, must be impartial; else it becomes the instrument of the very influence to be avoided, instead of a defence against it. Excessive partiality for one foreign nation, and excessive dislike of

外国勢力の流入を許す道筋は無数にあるが，上述のような傾倒は，良識と独立心を備えた愛国者の目にはとりわけ危険に映る。国内の派閥争いにつけ込み，甘言を弄し，世論を操り，公の諸会議を支配あるいは圧迫するすきを，こうした傾倒がどれだけ多く与えることか。脆弱な小国が強大国にこうして傾倒すれば，その国はやがて必ずや大国の衛星国に成り下がる憂き目に会う。

　外国勢力の権謀術数に対抗するため，（市民の皆さん，ぜひともわたくしのことばを信じていただきたい）自由な国民はたえず警戒を怠ってはならない。外国勢力が共和政の難敵のひとつであることは，歴史と経験が証明しているからである。だが，この警戒が有為なものとなるためには，公正でなくてはならない。さもないと，外国勢力に対する防御策どころか，その避けるべき影響の道具となるからである。ある国に過度に肩入れし，ある国を過度に嫌悪すれば，その感情に囚われた人々は，一方の側にしか危険を見出せなくなる。また，その感情は他方の勢力獲得の策略を覆い隠し，ひいてはそれを助長する役さえ担う。ひいきの国の陰謀に真の愛国者が抵抗を試みたところで，おおかた疑いや嫌悪の眼差しを向けられるのが落ちであろう。その一方で，外国勢力の手先やその口車に乗せられた輩が，人々の賞賛や信頼をさらい，国民の利益を引き渡してしまうのである。

George Washington

another, cause those whom they actuate to see danger only on one side, and serve to veil and even second the arts of influence on the other. Real patriots, who may resist the intrigues of the favorite, are liable to become suspected and odious; while its tools and dupes usurp the applause and confidence of the people, to surrender their interests.

The great rule of conduct for us, in regard to foreign nations, is, in extending our commercial relations, to have with them as little political connexion as possible. So far as we have already formed engagements, let them be fulfilled with perfect good faith. Here let us stop.

Europe has a set of primary interests, which to us have none, or a very remote relation. Hence she must be engaged in frequent controversies, the causes of which are essentially foreign to our concerns. Hence, therefore, it must be unwise in us to implicate ourselves, by artificial ties, in the ordinary vicissitudes of her politics, or the ordinary combinations and collisions of her friendships or enmities.

Our detached and distant situation invites and enables us to pursue a different course. If we remain one people, under an efficient government, the period is not far off, when we may defy material injury from external annoyance; when we may take such an attitude as will cause the neutrality, we may at any time resolve upon, to be scrupulously respected; when belligerent nations, under the impossibility of making acquisitions upon us, will not lightly hazard the giving us provocation; when we may choose peace or war, as our interest, guided by justice, shall counsel.

Why forego the advantages of so peculiar a situation? Why quit our own to stand upon foreign ground? Why, by interweaving our destiny with that of any part of Europe,

外国との関係において，わが国が拠るべき第一の行動原理は，通商関係の拡大に際して，政治的結びつきを最小限に留めるというものである。すでに締結した協約については，誠意を尽くして履行すべきであるが，それ以上踏み込んではならない。

　ヨーロッパ内には一連の主要な利害関係が存在するが，それらはわれわれには無関係，あるいはひどく縁遠いものである。そうした利害関係は，ヨーロッパではしばしば物議をかもしているが，その原因はもとよりわれわれの関心事とはなりえない。したがって，わざわざ盟約を結んで，ヨーロッパの飽くことなき政争の変転や，ヨーロッパ諸国の友好関係もしくは敵対関係に伴う恒常的な連携や衝突にわが国が巻き込まれるのは，決して賢明なことではない。

　ヨーロッパから遠く隔絶したわが国の位置に鑑みれば，われわれは別の道をたどるべきであり，またそれが可能でもある。有能な政府のもと，われわれがひとつの国民として団結を保つのであれば，厄介な外部勢力による重大な侵害を果敢に退けられる日も遠からず訪れよう。また，わが国の中立の立場を，望むときにはいつでも誠実に尊重させるような態度をとりえよう。好戦的な国も，わが国の攻略を不可能と見れば，むやみに挑発はせぬであろう。われわれが正義に導かれ，自国の利益に照らして，戦争か平和かを選択できる日が来るのである。

　こうした独自の地の利を手放す必要がどこにあろうか。自国を捨てて外国を足場とする必要がどこにあろうか。祖国の運命をヨーロッパのどこか一部の運命に絡めて，われわれの平和と繁栄をヨーロッパの野心や対抗意識，利害，機嫌，気まぐれからくる争いに巻き込む必要がどこにあろうか。

George Washington

entangle our peace and prosperity in the toils of European ambition, rivalship, interest, humor, or caprice?

It is our true policy to steer clear of permanent alliances with any portion of the foreign world; so far, I mean, as we are now at liberty to do it; for let me not be understood as capable of patronizing infidelity to existing engagements. I hold the maxim no less applicable to public than to private affairs, that honesty is always the best policy. I repeat it, therefore, let those engagements be observed in their genuine sense. But, in my opinion, it is unnecessary and would be unwise to extend them.

Taking care always to keep ourselves, by suitable establishments, on a respectable defensive posture, we may safely trust to temporary alliances for extraordinary emergencies.

Harmony, liberal intercourse with all nations, are recommended by policy, humanity, and interest. But even our commercial policy should hold an equal and impartial hand; neither seeking nor granting exclusive favors or preferences; consulting the natural course of things; diffusing and diversifying by gentle means the streams of commerce, but forcing nothing; establishing, with powers so disposed, in order to give trade a stable course, to define the rights of our merchants, and to enable the government to support them, conventional rules of intercourse, the best that present circumstances and mutual opinion will permit, but temporary, and liable to be from time to time abandoned or varied, as experience and circumstances shall dictate; constantly keeping in view, that it is folly in one nation to look for disinterested favors from another; that it must pay with a portion of its independence for whatever it may accept under that character;

外部世界のいずれの地域とも，永続的な同盟を結ばないのがわれわれの真の国策である。とはいえそれは，現在それが許される範囲にかぎる。既存の協約に背くことまで擁護しているなどと誤解しないでいただきたい。正直はつねに最善の策であるという格言は，私事のみならず公事についても当てはまると，わたくしは考えている。そこでもう一度申し上げるが，既存の協約は適正に遵守せねばならない。だが，わたくしが思うに，その拡大は不要であるばかりか，愚策でもあろう。

適切な組織を整えて，相当の防御体制を保持すべくつねに配慮しているかぎり，有事に対応するために一時的な同盟に頼ろうとも問題はない。

あらゆる国々と調和を保ち，開かれた交流を実現することは，政策，人道，国家利益のどの観点から見ても望ましい。ただし，通商政策といえども，平等かつ公平な方針を貫かねばならない。排他的な特権や優先権は求めも与えもせず，万事につけ自然の成り行きに従うとよい。穏健な手段によって，通商の拡大，多様化に努め，なおかつ，何事も強制してはならない。このように権力を用いることにより，貿易を安定させ，わが国の商人の権利を明確化し，彼らに対する政府支援を可能にするべく，取引慣行を打ち立てる。それは現在の情勢や当事国双方の見解が許す範囲内で最善のものでなくてはならないが，あくまで一時的なものであり，経験や状況に応じて，ときに破棄や改変も辞するべきではない。そして，以下のことをつねに心しておいていただきたい。ある国が他国に利害を超えた特権を期待するのは愚行である。いかなるものであれ，そうした性質の特権を受諾する国は，その独立の一部を代償として差し出さねばならないからである。特権を受け取れば，その名ばかりの特権に対して相応の見返りを与えたにもかかわらず，十分でないとして恩知らずの謗りを受ける恐れも免れない。国家間で下心のない特権を得ることを期待したり，あてにしたりするほど大きな誤りはない。そのようなものは幻想にすぎず，経験により矯正し，正しき自尊心により捨て去るべきである。

George Washington

that, by such acceptance, it may place itself in the condition of having given equivalents for nominal favors, and yet of being reproached with ingratitude for not giving more. There can be no greater error than to expect or calculate upon real favors from nation to nation. It is an illusion, which experience must cure, which a just pride ought to discard.

In offering to you, my countrymen, these counsels of an old and affectionate friend, I dare not hope they will make the strong and lasting impression I could wish; that they will control the usual current of the passions, or prevent our nation from running the course, which has hitherto marked the destiny of nations. But, if I may even flatter myself, that they may be productive of some partial benefit, some occasional good; that they may now and then recur to moderate the fury of party spirit, to warn against the mischiefs of foreign intrigue, to guard against the impostures of pretended patriotism; this hope will be a full recompense for the solicitude for your welfare, by which they have been dictated.

How far in the discharge of my official duties, I have been guided by the principles which have been delineated, the public records and other evidences of my conduct must witness to you and to the world. To myself, the assurance of my own conscience is, that I have at least believed myself to be guided by them.

In relation to the still subsisting war in Europe, my Proclamation of the 22nd of April 1793, is the index to my plan. Sanctioned by your approving voice, and by that of your Representatives in both Houses of Congress, the spirit of that measure has continually governed me, uninfluenced by any attempts to deter or divert me from it.

同胞の皆さん，ここまでわたくしは情に厚いひとりの老友として助言を並べてきたが，これでわたくしの願いどおりに，こうした戒めがいつまでも強く皆さんの心に残るのを期待するのはおこがましいというものだろう。また，この戒めによって，始終湧き出す情熱が抑制され，今日まで諸国の運命を方向づけてきた轍をわが国だけが踏まずにすむとも思っていない。しかし，うぬぼれたことを言わせていただければ，わたしのことばが多少なりとも役に立ち，ときに有益な結果を生むと思いたい。この戒めが折に触れて思い返され，猛る党派心をなだめ，外国の陰謀がもたらす危害に警戒を促し，見せかけの愛国心に騙されぬよう用心する一助になれば幸いである。以上のような期待は，皆さんの福祉に対する，わたくしの懸念に十分に報いるものとなろう。そもそも，その懸念こそが，この戒めを述べた動機である。

　公務を辞するにあたり，在任中にわたくしが今回詳述した理念にどこまで忠実であったかは，わたくしの政権運営に関する公的記録その他の証拠を，皆さんや世界各国の人に見て判断していただくまでだ。良心に誓って申し上げるが，少なくともわたくし自身は，つねにこの理念に忠実であったと信じている。

　ヨーロッパで今なお続く戦争に関しては，1793年4月22日付の宣言がわたくしの策の指標となる。国民の皆さんと連邦議会両院の代議士の方々のご賛同を受けて，わたくしはこの施策の精神を放棄，あるいは転換させようとするいかなる試みにも屈することなく，一貫してこれに従ってきた。

---

[26] **Proclamation of the 22nd of April 1793** 革命の激化するフランスと，それを包囲するヨーロッパ君主国の軍事共同戦線との抗争に関して，アメリカが中立の立場を表明した宣言。

George Washington

After deliberate examination, with the aid of the best lights I could obtain, I was well satisfied that our country, under all the circumstances of the case, had a right to take, and was bound in duty and interest to take, a neutral position. Having taken it, I determined, as far as should depend upon me, to maintain it, with moderation, perseverance, and firmness.

The considerations, which respect the right to hold this conduct, it is not necessary on this occasion to detail. I will only observe, that, according to my understanding of the matter, that right, so far from being denied by any of the belligerent powers, has been virtually admitted by all.

The duty of holding a neutral conduct may be inferred, without any thing more, from the obligation which justice and humanity impose on every nation, in cases in which it is free to act, to maintain inviolate the relations of peace and amity towards other nations.

The inducements of interest for observing that conduct will best be referred to your own reflections and experience. With me, a predominant motive has been to endeavour to gain time to our country to settle and mature its yet recent institutions, and to progress without interruption to that degree of strength and consistency, which is necessary to give it, humanly speaking, the command of its own fortunes.

Though, in reviewing the incidents of my administration, I am unconscious of intentional error, I am nevertheless too sensible of my defects not to think it probable that I may have committed many errors. Whatever they may be, I fervently beseech the Almighty to avert or mitigate the evils to which they may tend. I shall also carry with me the hope, that my country will never cease to view them with indulgence; and

可能なかぎり明るい光に照らして慎重に検討した結果に基づき，本件に関して，わが国はいかなる情勢下でも中立の立場を守る権利を有し，自らの義務と利害に鑑みて堅く中立を守り抜くべきであると，わたくしは強く確信していた。中立の立場をとったわたくしは，自分の権限のかぎりにおいて，穏便に忍耐強く，断固として，これを堅持せんと心に誓っていたのである。

　中立の立場を堅持する権利に関する配慮については，この場で詳述するには及ぶまい。ただ，ひとつ申し上げるとすれば，本問題に関してわたくしが理解するかぎり，この権利はいずれの交戦国にも否定されていないどころか，すべての国により事実上認められている。

　では，中立の立場を堅持する義務はどうか。自由に行動し，他国との平和的かつ友好的な関係を遵守できる状況にあっては，いかなる国も正義と人道が課す義務を負う。この義務に鑑みれば，ほかの事由を挙げるまでもなく，中立の義務は当然のものと推察できよう。

　中立の立場を守る利点については，自らの考察や経験に照らしてみるのが最善であろう。わたくしについて言えば，その第一の動機は，わが国の幼弱な制度を定着，さらには成熟させ，人知のかぎりにおいて自らの運命を決するだけの力とまとまりを，政府が支障なく培うための時間を稼ぐことにあった。

　在任中の出来事を振り返るにつけ，故意に誤りを犯したつもりはないが，もとより自分の力不足は重々承知しているので，多くの過ちがあったであろうことは想像に難くない。いかなる過ちを犯したにせよ，わたくしの咎から生じるかもしれぬ害悪が回避，あるいは軽減されるよう，全能の神に切に願いたい。また，わが祖国がわたくしの過ちを，いつまでも寛大な目で見てくださるとの望みも決して捨てるまい。わたくしは高潔な熱意に燃えて 45 年にわたりこの国に仕えてきたが，引退の暁には，ほどなく必ずや安息の住処へと去り行くわたくし同様，度量不足によるわたくしの失態も忘却の淵に葬り去っていただけよう。

George Washington

that, after forty-five years of my life dedicated to its service with an upright zeal, the faults of incompetent abilities will be consigned to oblivion, as myself must soon be to the mansions of rest.

Relying on its kindness in this as in other things, and actuated by that fervent love towards it, which is so natural to a man, who views it in the native soil of himself and his progenitors for several generations; I anticipate with pleasing expectation that retreat, in which I promise myself to realize, without alloy, the sweet enjoyment of partaking, in the midst of my fellow-citizens, the benign influence of good laws under a free government, the ever favorite object of my heart, and the happy reward, as I trust, of our mutual cares, labors, and dangers.

ほかの事柄と同じく，この引退の件についても，わたくしはわが国の温情を頼みに，自らと数世代にわたる父祖誕生の地を祖国と考える人間なら当然抱くであろう真摯な愛国心に支えられて，喜ばしい期待を胸にその日を待ち望んでいる。来るべきそのときを迎えたならば，衷心から愛する自由な政府のもとで，善き法律の慈悲深い恩恵を市民の皆さんとともに分かち合いたい。そして，互いに気遣い，苦労を重ね，危険を経ることから生じるであろうと，わたくしの信じるような幸福な報いも共有したい。こうした甘美な楽しみを純粋に味わうことを，わたくしは心待ちにしている。

演説の解説

　ワシントンの辞任演説は，入念に組み立てられた分析的な演説である。文体は長く複雑で，堅苦しく高尚なことばを用いているが，演説の主旨は，単刀直入でわかりやすいものであった。ワシントンから国民に向けた主なメッセージは，州の団結を保持すること，諸外国との紛争を回避することの2点である。
　州の団結についての議論において，ワシントンは，国民の連帯や団結によってもたらされる恩恵に目を向けさせ，それと同時に，国民の愛国心に訴えようとした。ワシントンは，わたしたちは同じ「宗教や風習，習慣，政治信条」によって結ばれており，ともに自由のために戦い，勝利を得たのだと国民に訴えている。そして国家の団結により，「力と富の拡大，それに比例して，外部からの危険に対する防御」という利点も授けられたのだと述べている。団結することの意義を説明したあとで，それを保持することによる3つの脅威についても明らかにした。1つ目は，国の信念や政治体系の変革の受け入れが早過ぎるという点である。性急な行動を避けるように注意を促し，国家は経験によって導かれるべきであると述べている。2つ目は，地理的差別や派閥主義についてである。そして3つ目に，「党派心がもたらす有害な影響一般」について警告している（ワシントン大統領の任期までは，政権争いは慣行化していない）。
　ワシントンは，生涯を通じて，ヨーロッパ帝国が生み出した政治的な戦争や陰謀を目の当たりにしてきた。幸いにもヨーロッパとの地理的な距離によって，これまでアメリカがそうしたことに巻き込まれるのを避けることができたと考えていた。ワシントンは，接近することで依存を引き起こし，嫉妬を生み，そして報復を招くと述べた。政治同盟を組むことを避け，適切な防御の姿勢を保持すべきであり，アメリカの通商政策はすべての国に対して公平で平等であるべきだと述べている。
　ワシントンのこの合理的な訴えは，ワシントン自身の強い道徳的人格によって，さらに重みを増している。軍隊の指揮官として，政治家として，そしてアメリカの初代大統領として国家に尽くしたワシントンは，まさにその仕事においても「アメリカの父」であり，辞任演説には，「父親らしい」口調が表れている。
　演説中のワシントンのアドバイスは，尊大なものでもなければ，すべてを知ったような口ぶりで伝えられたものではない。むしろ謙虚に，愛と気遣いをもって忠告したものである。演説の最後にワシントンは，故意ではないものの

「多くの過ちがあったであろう」と認め，自分の「無能さが世に忘れさられる」ようように懇願している。辞任演説を決意した動機は，「終生の関心事である国民の福祉」によるものであるとしている。ワシントンは自分のことばを，「熟慮と少なからぬ観察による所感」と述べている。この演説は，行動を呼び起こすためのものではなく，むしろ「勘考」を促すことを目的としていた。

　この演説における倫理的な訴えは，ワシントンの謙虚で思いやりに満ちた性格のみならず，あふれる愛国心と品性の高い人格に基づくものである。ワシントンの国家への愛は，演説全体を通して明らかである。ワシントンは，「アメリカ人という名称は，……愛国心という正当な誇りをたえず高めるものでなくてはならない」と述べ，「自由な政府のもとで，善き法律の慈悲深い恩恵」について心を込めて語っている。また，選びぬかれたことばや訴えは，ワシントンがいかに道義というものに力を注いでいるかを表す。「宗教と道徳」は，「誠実と公正」を求めると述べ，また州同士を結ぶ絆を「神聖な絆」と呼んで「正直はつねに最善の策である」と主張している。

　辞任演説で述べられたワシントンの具体策のなかには，実行されなかったものもあったが，ワシントンが残した理想主義や指針は，アメリカ人の思想に多大な影響を与え続けている。

George Washington

6 フランクリン・D・ルーズベルト
第一回大統領就任演説

Franklin D. Roosevelt

"the only thing we have to fear
is fear itself"

われわれが唯一恐れなければならないのは,
恐れそのものである

Franklin D. Roosevelt（1882–1945）第32代アメリカ合衆国大統領（民主党）。米国史上唯一4期を務めた（1933–1945）。第26代大統領セオドア・ルーズベルトの従弟。ニューディール政策によって大恐慌から国を回復させた。

演説の背景

　1929年9月3日，ニューヨーク株式市場は，アメリカ経済の行く末に対する国民の前向きな姿勢を大いに反映して，史上最高の高値を記録した。当時ほとんどの国民は，ハーバード・フーバー大統領の「アメリカから貧困を追放する日は間近である」という楽観的な見解をうのみにしていた。

　しかし，同年9月下旬の株価の急激な暴落により，将来への明るい見通しがぐらついた。10月中旬には，前代未聞の規模の売りの波が見え始め，「暗黒の木曜日（ブラックサースデイ）」と呼ばれる10月24日，株式市場は完全なパニックに襲われた。ほんの2～3週間で，300億ドルがあとかたもなく吹き飛ばされ，ほどなくして株式市場での混乱は国民の経済生活にも影響を及ぼした。1930年末までに，工業製品の製造量は前年のピーク時より26%も落ち込み，1932年の夏には，51%まで下落した。失業者数は，1930年4月の300万人から1932年末には2千万人（人口の5分の1）にまで急上昇した。多くの農場担保が差し押さえとなり，窮状を訴えるために暴徒と化す集団もあった。

　当初，フーバー大統領は，「アメリカ制度」は根本的に健全であり，問題はすぐに解決されるだろうと国民を安心させて，この危機に対処しようとした。しかし，問題が深刻になるにつれて，経済回復の経過を手助けするという名目で「臨時」プログラムを実行することにしたのだった。

　1932年の大統領選で，フーバーは，共和党の候補者として再指名された。民主党からは，ニューヨーク州知事のフランクリン・D・ルーズベルトが指名されていた。フーバーは，内気な人物で，カリスマ性に欠けるうえ，批判に敏感であった。選挙運動中にはいかめしい態度で，精彩に欠く演説を行っていた。対照的に，ルーズベルトは軽快でエネルギッシュな候補者であった。39歳のときに小児マヒを患ったせいで，不自由な身体ではあったが，具体的な問題とその解決方法を示す演説を25回以上行うなど，意欲的な選挙運動の結果，1932年11月の大統領選において圧倒的な勝利をおさめた。

　選挙終了時から就任式までの4か月の間に，米国は大規模な金融危機に陥った。5千以上もの銀行が倒産し，多くの人々の蓄えが完全に失われ，国は大惨事に瀕していた。そのため，ルーズベルトには，単なる形式的な就任演説以上のものが求められていた。当面の課題は，経済および政治体制への信頼を取り戻し，経済的困窮に瀕している多くの国民に希望を与えることであった。

　1933年3月4日の就任演説の当日，寒く，もの寂しい夜が明けた。そのよ

どんよりとした天候は，まるで国家の雰囲気と調和しているようであった。宣誓をし，ホワイトハウスの階段に集った10万人近くの人々に語りかけようと振り向いたフランクリン・D・ルーズベルトは，自分の声が国の隅々まで届くであろうことを承知していた。その演説は，史上初めてラジオを通して全米に放送されることになっていたからである。

Franklin D. Roosevelt

First Inaugural Address

President Hoover, Mr. Chief Justice, my friends:

This is a day of national consecration, and I am certain that my fellow Americans expect that on my induction into the Presidency I will address them with a candor and a decision which the present situation of our nation impels. This is preeminently the time to speak the truth, the whole truth, frankly and boldly. Nor need we shrink from honestly facing conditions in our country today. This great nation will endure as it has endured, will revive and will prosper. So, first of all, let me assert my firm belief that **the only thing we have to fear is fear itself**—nameless, unreasoning, unjustified terror which paralyzes needed efforts to convert retreat into advance. In every dark hour of our national life a leadership of frankness and vigor has met with that understanding and support of the people themselves which is essential to victory. I am convinced that you will again give that support to leadership in these critical days.

In such a spirit on my part and on yours we face our common difficulties. They concern, thank God, only material things. Values have shrunken to fantastic levels; taxes have risen; our ability to pay has fallen; government of all kinds is faced by serious curtailment of income; the means of exchange are frozen in the currents of trade; the withered leaves of industrial enterprise lie on every side; farmers find no markets for their produce; the savings of many years in thousands of families are gone.

第一回大統領就任演説

フーヴァー大統領，最高裁判所長官，そして友人諸君。

本日は，わが国にとって神聖な日です。アメリカ国民の皆さんは，わたくしが大統領に就任するにあたって，今日わが国が置かれている状況にふさわしい率直さと決意をもって語ることを求めているものと思います。今こそ真実を，完全なる真実を率直に大胆に語るときです。国の現状に，ひるむことなく真っ向から立ち向かわなければなりません。この偉大な国家は，これまでいくたの苦難を乗り越えてきたように，今度の苦境も切り抜け，息を吹き返し，再び繁栄の日を迎えることでしょう。そこでまず，わたくしが固く信じていることを申し上げておきたい。**われわれが唯一恐れなければならないのは，恐れそのものなのです。**名状しがたい，不条理で不当な恐れは，今必要とされる，退却を前進に変える努力を麻痺させてしまいます。わが国が困難に直面するたびに，国家の指導者は正直かつ精力的に対処し，国民の理解と支持を得ることで，初めて勝利にこぎつけることができました。わたくしは，今この困難な日々に，皆さんが国家の指導者に再び支持を与えてくださるものと信じて疑いません。

皆さんも，わたくしも，その心構えで共通の難問に取り組もうではありませんか。幸いなことに，難問と言っても，物質的な面にかぎられています。物の価値は信じられないほどの水準にまで落ち，税金は重くなり，国民の支払い能力は低下し，あらゆる行政体は深刻な歳入減に見舞われ，取引の手段は通商の流れの中で凍結され，企業は枯葉となって一面に散りはて，農民は作物を売る市場を見つけられず，非常に多くの家庭の長年の蓄えが失われてしまいました。

---

[1] **President Hoover**（1874–1964）第31代アメリカ合衆国大統領ハーバート・C・フーバー。　　[2] **consecration**「神聖な日」神聖，聖別式などの意味。　　[3] **induction**「就任」＝inauguration.

Franklin D. Roosevelt

More important, a host of unemployed citizens face the grim problem of existence, and an equally great number toil with little return. Only a foolish optimist can deny the dark realities of the moment.

Yet our distress comes from no failure of substance. We are stricken by no plague of locusts. Compared with the perils which our forefathers conquered because they believed and were not afraid, we have still much to be thankful for. Nature still offers her bounty and human efforts have multiplied it. Plenty is at our doorstep, but a generous use of it languishes in the very sight of the supply. Primarily this is because the rulers of the exchange of mankind's goods have failed, through their own stubbornness and their own incompetence, have admitted their failure, and abdicated. Practices of the unscrupulous money changers stand indicted in the court of public opinion, rejected by the hearts and minds of men.

True they have tried, but their efforts have been cast in the pattern of an outworn tradition. Faced by failure of credit they have proposed only the lending of more money. Stripped of the lure of profit by which to induce our people to follow their false leadership, they have resorted to exhortations, pleading tearfully for restored confidence. They know only the rules of a generation of self-seekers. They have no vision, and when there is no vision the people perish.

The money changers have fled from their high seats in the temple of our civilization. We may now restore that temple to the ancient truths. The measure of the restoration lies in the extent to which we apply social values more noble than mere monetary profit.

さらに重大なのは，無数の失業者の生活が根底から脅かされ，またそれに負けぬほどの数の人々が，無きに等しいような報酬を得るために苦労を重ねていることです。この厳しい現実を否定できる者がいるとすれば，愚かな楽観主義者ぐらいのものでしょう。

　しかし，われわれの困窮は重大な失敗からくるものではありません。異常発生したイナゴの大群に襲われたわけでもありません。われわれの先祖は，信念を持ち，たじろぐことがなかったために，多くの危機を乗り切ってきました。それに比べれば，われわれの瀕している危機など，物の数に入りません。自然は依然，豊かな恵みを与えてくれますし，それを人の努力がいく倍にも膨らませているわけです。われわれの戸口には，十分すぎるくらいにものがあふれています。しかし，それを目前にしながら存分に使えないでいるのです。そのいちばんの原因は，人間の財産の交換を司っている者たちが，自らの頑固さと無能のせいで期待を裏切り，その失敗を認めて責任を放棄したことにあります。不徳な両替屋の商いは，民意の法廷に訴えられ，人心に見放されました。

　たしかに両替屋たちは力を尽くしたのでしょうが，その努力は時代遅れの古い型にはまったものでした。借金が返せなかった人に，彼らはさらにお金を貸すことを申し出るばかりだったのです。彼らは利潤を餌に，わが国の国民を偽りのリーダーシップに従わせようとしたものの，その利潤という餌を奪われたために，今度は熱心な勧告という手段に訴え，自分たちに対する信頼を回復するよう，涙ながらに懇願しました。彼らは利己主義の世代の規則しか知らないのです。彼らにはなんの展望もありません。なんの展望もないとき，人民は滅びます。

　両替屋たちは，われわれの文明社会という神殿の高みにある座から逃げ出しました。われわれは今，その神殿を，昔ながらの真実にあふれたものとして再建することができます。どこまで再建できるかは，われわれが，単なる金銭的利益よりも，崇高な社会的価値観をどれだけ適用できるかにかかっています。

---

⁶ **plague of locusts**「異常発生したイナゴの大群」 locust には「不況，困難」の意味もある。人間の力の及ばない苦境を意味する。聖書の引用。　　¹¹ **the rulers of the exchange**「財産の交換を司っている者たち」　＝money changers.　　¹⁴ **unscrupulous money changers**「不徳な両替屋」 聖書の引用。

Franklin D. Roosevelt

Happiness lies not in the mere possession of money; it lies in the joy of achievement, in the thrill of creative effort. The joy and moral stimulation of work no longer must be forgotten in the mad chase of evanescent profits. These dark days will be worth all they cost us if they teach us that our true destiny is not to be ministered unto but to minister to ourselves and to our fellow men.

Recognition of the falsity of material wealth as the standard of success goes hand in hand with the abandonment of the false belief that public office and high political position are to be valued only by the standards of pride of place and personal profit; and there must be an end to a conduct in banking and in business which too often has given to a sacred trust the likeness of callous and selfish wrong-doing. Small wonder that confidence languishes, for it thrives only on honesty, on honor, on the sacredness of obligations, on faithful protection, on unselfish performance; without them it cannot live.

Restoration calls, however, not for changes in ethics alone. This nation asks for action, and action now.

Our greatest primary task is to put people to work. This is no unsolvable problem if we face it wisely and courageously. It can be accomplished in part by direct recruiting by the government itself, treating the task as we would treat the emergency of a war, but at the same time, through this employment, accomplishing greatly needed projects to stimulate and reorganize the use of our natural resources.

Hand in hand with this we must frankly recognize the overbalance of population in our industrial centers and, by engaging on a national scale in a redistribution, endeavor to provide a better use of the land for those best fitted for the

幸せは，ただお金を所有することではありません。物事を達成する喜びの中，創造的な努力をする興奮の中にあるのです。働くことの喜びと道義的刺激は，これまでのように，はかない利潤をむやみに追求するうちに忘れ去られてはなりません。暗い日々の辛さも，われわれの真の運命が，人に仕えてもらうことではなく，自らや同胞に仕えることであるのを，そこから学びとるならば，決して無駄ではないでしょう。

　物質的豊かさを成功の基準とするのが誤りであるとわかれば，公務員や行政の高級官僚の真価を，地位の高さや役得のみを基準にして測るべきだという誤信も捨てられるでしょう。そして，神聖な信頼に，冷淡で利己的な悪行のたぐいで報いてばかりいる金融業界や実業界の行いにも，終止符を打たなければなりません。国民の信頼がゆらぐのも無理はないでしょう。なぜなら，正直で信義に厚く，義務を果たし，忠実に保護の手を差し延べ，私心なく振るまう者にこそ信用は与えられるのですから。そうでない人に対して，信用が育つはずがありません。

　しかし，再建に必要なのは倫理の面での改革だけではありません。わが国は行動を求めています。それも今すぐ動き出すことを。

　当面の最大の課題は，人々を仕事に就けることです。これは，賢明に，果敢に取り組めば，決して解決不可能な課題ではありません。この課題達成のためには，戦争という非常事態に臨むのと同じように取り組み，政府自らが徴兵さながらの直接雇用を行うことも必要ですが，同時にそうした政府の雇用によって，わが国の天然資源の利用を活性化し，再編成するという懸案を実現させることも必要です。

　これと平行して，国内の産業中心地の過密問題を率直に認識し，全国的規模で人口の再配分を図ることで，それぞれの土地が，その土地にもっともふさわしい形で利用されるように努力しなければなりません。課題達成を促進するには，農産物の価値を高め，それによって，都市の生産物を購入する力も高めることに，はっきりと目標を定めた努力をすべきでしょう。わが国の小さな住宅や農場が，抵当の受け戻し権喪失によって，どんどん失われていますが，この悲劇にも現実的な方法で歯止めをかけなければなりません。連邦政府や州政府，各地方自治体が，経費の大幅削減の要求に応じて，ただちに手を打つよう強く求める必要もあるでしょう。現行の各種救済活動は一貫性を欠くことが多く，不経済で不適切です。これを統一しなければなりません。国が計画を立てて，交通や通信をはじめ，公共性の強い施設すべてを管轄するべきです。この

Franklin D. Roosevelt

land. The task can be helped by definite efforts to raise the values of agricultural products and with this the power to purchase the output of our cities. It can be helped by preventing realistically the tragedy of the growing loss through foreclosure of our small homes and our farms. It can be helped by insistence that the Federal, State, and local governments act forthwith on the demand that their cost be drastically reduced. It can be helped by the unifying of relief activities which today are often scattered, uneconomical, and unequal. It can be helped by national planning for and supervision of all forms of transportation and of communications and other utilities which have a definitely public character. There are many ways in which it can be helped, but it can never be helped merely by talking about it. We must act and act quickly.

Finally, in our progress toward a resumption of work we require two safeguards against a return of the evils of the old order; there must be a strict supervision of all banking and credits and investments; there must be an end to speculation with other people's money, and there must be provision for an adequate but sound currency.

There are the lines of attack. I shall presently urge upon a new Congress in special session detailed measures for their fulfillment, and I shall seek the immediate assistance of the several States.

Through this program of action we address ourselves to putting our own national house in order and making income balance outgo. Our international trade relations, though vastly important, are in point of time and necessity secondary to the establishment of a sound national economy. I favor as a practical policy the putting of first things first. I shall spare no effort to restore world trade by international economic

ように，いろいろ手だてはありますが，それについて口にするばかりではなんの助けにもなりません。実行に移さなければ意味がないのです。ただちに実行に移さなければ。

　もうひとつだけつけ加えておきます。雇用を再び増大させるための改革を進めていくにあたって，古い体制の持つ悪弊が戻ってこないように，ふたつの予防措置をとらなければなりません。銀行業・信用貸・投資全般を厳しく監視しなければいけないのです。まず，他人の資金を使った投機を禁止すること，そして，十分な通貨量を確保しながら，しかも通貨の価値を維持するような手を打つことです。

　以上のような手段を使って問題解決を図るつもりです。わたくしは新しい連邦議会が特別会期に入りしだい，詳細な法案を提出してその実現を強く促します。またいくつかの州には，ただちに協力を要請するつもりです。

　この実行計画を通して，われわれは全力を挙げて国家の秩序を回復し，収支の釣り合いをとるよう努めるのです。外国との貿易関係は，きわめて重要ではありますが，現時点では，健全な国内経済の再建に比べれば，副次的であると言わざるをえません。わたくしは，まずやるべきことを先にやるのが，現実的な政策であると考えます。国際経済の再調整によって国際貿易を再建するのに，努力を惜しむつもりは毛頭ありませんが，国内情勢は逼迫しており，貿易の再建を待っている余裕はないのです。

---

5 **foreclosure**「抵当の受け戻し権喪失」　債務の不履行により家や土地などの担保を失うこと。

Franklin D. Roosevelt　117

readjustment, but the emergency at home cannot wait on that accomplishment.

The basic thought that guides these specific means of national recovery is not narrowly nationalistic. It is the insistence, as a first consideration, upon the interdependence of the various elements in all parts of the United States — a recognition of the old and permanently important manifestation of the American spirit of the pioneer. It is the way to recovery. It is the immediate way. It is the strongest assurance that the recovery will endure.

In the field of world policy I would dedicate this nation to the policy of the good neighbor—the neighbor who resolutely respects himself and, because he does so, respects the rights of others—the neighbor who respects his obligations and respects the sanctity of his agreements in and with a world of neighbors.

If I read the temper of our people correctly, we now realize as we have never realized before our interdependence on each other; that we can not merely take but we must give as well; that if we are to go forward, we must move as a trained and loyal army willing to sacrifice for the good of a common discipline, because without such discipline no progress is made, no leadership becomes effective. We are, I know, ready and willing to submit our lives and property to such discipline, because it makes possible a leadership which aims at a larger good. This I propose to offer, pledging that the larger purposes will bind upon us all as a sacred obligation with a unity of duty hitherto evoked only in time of armed strife.

With this pledge taken, I assume unhesitatingly the leadership of this great army of our people dedicated to a

国家の回復のための具体的な手段を挙げてきましたが，これらを導く根本思想は，偏狭なナショナリズムではありません。この思想が何にもまして強調しているのは，アメリカ合衆国の中のさまざまなグループ，アメリカ合衆国を公正しているさまざまな部分どうしの頼り合いです。アメリカの開拓者精神，昔ながらの，変わることなく重要な精神が発揮されるのを，この目で見ることです。これが回復への道です。これこそが最短の道です。これこそ，回復された状態が長続きするという，このうえない保証です。

　外交の面では，わたくしはこの国を「善き隣人」の政策によって導きたいと思います。「善き隣人」とは，断固として己を尊び，そうすることで他者の権利も尊重する人間であり，己の義務を果たし，隣人の集まりである世界の中での約束事や，その世界との約束事を忠実に遵守する人間のことです。

　もしわたくしが，国民の皆さんの気質を正しく読み取っているとすれば，今われわれは——こんなことはかつてなかったのですが——自分たちが互いに頼り合って生きていることに気づくのではないでしょうか。われわれは与えられるばかりではいけない，与えることもしなくてはいけないということに。もし前進したいのであれば，社会の規律や秩序のために犠牲をいとわぬ，訓練の行き届いた忠実な一団として進まなければならないということに。なぜなら，そのような規律や秩序がなければ，なんの進歩も望めず，どんな指導者も力を発揮できないからです。わたくしは知っています。そのような規律や秩序のためには，われわれが喜んで命と財産を差し出すことを。なぜなら，それによって初めて指導者は，より大きな善を目指すリーダーシップを発揮することが可能になるからです。そのようなリーダーシップを提供することを，わたくしは提案いたします。必ずやわれわれは，これまでは戦争のときにしか喚起されなかった，義務感に根ざした連帯感を持って，より大きな目標の達成を神聖な責務として自らの肩に担うことになるでしょう。

　われわれ全員がこの責務を担うという誓約のもとに，わたくしはためらうことなく，偉大なわが国民の大軍のリーダーシップをお引き受けします。われわれの共通の問題に秩序正しく攻撃をかけることに身を捧げた，国民の皆さんの軍団のリーダーシップを。

---

12 **the policy of the good neighbor**「『善き隣人』の政策」　善隣政策とも呼ばれ，近隣する国と友好的な関係を結ぶことを目指す外交政策。　28 **hitherto**「これまでは」

disciplined attack upon our common problems.

Action in this image and to this end is feasible under the form of government which we have inherited from our ancestors. Our Constitution is so simple and practical that it is possible always to meet extraordinary needs by changes in emphasis and arrangement without loss of essential form. That is why our constitutional system has proved itself the most superbly enduring political mechanism the modern world has produced. It has met every stress of vast expansion of territory, of foreign wars, of bitter internal strife, of world relations.

It is to be hoped that the normal balance of executive and legislative authority may be wholly adequate to meet the unprecedented task before us. But it may be that an unprecedented demand and need for undelayed action may call for temporary departure from that normal balance of public procedure.

I am prepared under my constitutional duty to recommend the measures that a stricken nation in the midst of a stricken world may require. These measures, or such other measures as the Congress may build out of its experience and wisdom, I shall seek, within my constitutional authority, to bring to speedy adoption.

But in the event that the Congress shall fail to take one of these two courses, and in the event that the national emergency is still critical, I shall not evade the clear course of duty that will then confront me. I shall ask the Congress for the one remaining instrument to meet the crisis — broad executive power to wage a war against the emergency, as great as the power that would be given to me if we were in fact invaded by a foreign foe.

このような考えに基づき，このような目標に向かって行動をとることは，われわれが先祖から受け継いだ行政の形態のもとで可能です。わが国の憲法は，じつに簡潔で実際的なので，重点の置きどころを変えたり，根本的な形を失うことなく調整したりすることで，どんな異例の事態にも対応することができます。だからこそ，わが国の立憲体制は，近代世界が生み出した政治機構のうちでも，際立って安定したものとなっているわけです。だからこそ，膨大な領土拡張や，外国との戦争，無情な内戦，国際関係などによってもたらされる緊張にも耐え抜いてこられたのです。

　行政府と立法府との間の通常のバランスが，われわれが直面している未曾有の課題に取り組むのに，完全にふさわしいものであることが望まれます。しかし，かつてないほど早急な措置が求められている今，公的手順の通常のバランスを一時的に崩すことも，必要になってくるかもしれません。

　わたくしは憲法に定められた義務によって，苦難に喘ぐ世界のただなかで，苦難に喘ぐ国家が求めるような法案を提出する準備があります。わたくしは憲法に定められた権限をもって，このような法案，あるいは連邦議会がその経験と叡知を基に練り上げた法案が，迅速に採用されるよう努めます。

　しかし，議会がわたくしの提出する法案を承認することも，自ら法案を提出することもできなかった場合には，そして，国家の非常事態が依然続いている場合には，わたくしは目の前に開けた道，わたくしがとるべき明白な道を避けたりはしません。わたくしは危機に対応するために，最後にひとつ残された権限を議会に求めるでしょう──非常事態を相手に戦争を遂行する幅広い行政権限，実際に外国の軍隊が侵入してきたときに，わたくしに与えられるものに劣らぬほど大きな権限を。

---

[28] **executive power**「行政権限」

For the trust reposed in me I will return the courage and the devotion that befit the time. I can do no less.

We face the arduous days that lie before us in the warm courage of the national unity; with the clear consciousness of seeking old and precious moral values; with the clean satisfaction that comes from the stern performance of duty by old and young alike. We aim at the assurance of a rounded and permanent national life.

We do not distrust the future of essential democracy. The people of the United States have not failed. In their need they have registered a mandate that they want direct, vigorous action. They have asked for discipline and direction under leadership. They have made me the present instrument of their wishes. In the spirit of the gift I take it.

In this dedication of a nation we humbly ask the blessing of God. May He protect each and every one of us. May He guide me in the days to come.

自らに寄せられた信頼に対して，わたくしは時局にふさわしい勇気と情熱をもって応えるつもりです。どうしてそうせずにいられましょうか。

　われわれは，眼前に待ち受ける苦難の日々に立ち向かうのです。国民が一丸となり，熱心に，勇気をもって。伝統ある，貴重な道義的価値観を求める鮮明な意識をもって。老いも若きも，断固として義務を果たすことからくる清廉な満足感とともに。われわれは，円熟し，安定した国民生活を確保することを目指すのです。

　われわれは，真に民主的な社会の未来を疑ったりしてはなりません。アメリカ合衆国の国民は，敗れ去ったわけではないのです。窮乏の中で国民は，直接的・精力的行動を要求することを表明しました。国民は秩序と指針を与えてくれるリーダーシップを求めたのです。そして国民は，自分たちの願望を実現するための，当面の道具として，わたくしを選びました。わたくしは，皆さんの気持ちを肝に銘じて，この任務をお引き受けします。

　この，国を捧げる儀式に臨んで，ともに謙虚に神の祝福を祈念しましょう。神がすべての国民をお守りくださいますように！　今後わたくしをお導きくださいますように！

Franklin D. Roosevelt

演説の解説

　ルーズベルト大統領は，第一回就任演説において，当時のまれに見る困難な状況に見事に対処している。この演説では，ルーズベルト政権が国の壊滅的な経済を立て直すことができるのだと国民に立証することが非常に重要であった。

　演説自体は比較的簡素であるが，問題解決策が体系的に織り込まれている。ルーズベルトはまず，国が直面している問題について率直に話すことを約束して，演説を始めている。問題を小さく見せるのではなく，恐れる必要のない，対処可能なものとして説明しようと努めた。そしてルーズベルトは，「われわれが唯一恐れなければならないのは，恐れそのものである」，「アメリカはただ生き残るだけではなく，再び繁栄するであろう」と語り，聴衆の不安を払拭したのである。次に，手短にいくつかの問題点を指摘し，それらは物質的な損失にすぎないと言明している。そして，祖先がかつてもっと困難な状況に打ち克ったことや，アメリカが今なお自然の恩恵を受けていることなどを示した。最後に，問題の源は，誤った価値観にあり，利己的な物質主義が国の体制を崩壊させ，国を間違った方向に導いたのだと述べた。このように，ルーズベルトは問題を深刻ではあるが，もともと人間が生じさせたものであり，ゆえに修正が可能なはずだという認識を示した。

　ルーズベルトの分析が解決策に及んだ箇所では，国民の価値観を変えるべきであるという「提案」にとどまらず，ただちに「行動を起こす」こと，さらに臨時議会を開くことを求めた。ルーズベルトの提案は緻密なものではなかったが，さまざまな方向に行動を求める政策であった。失業者への緊急救援，長期的な経済回復政策，金融制度や投資制度の改革などを提案し，外国貿易政策については二の次としたものの，アメリカが他国と相互依存の関係にあることもまた認めている。なかでも特筆すべきなのは，合衆国憲法の尊重を誓いながらも，国が直面する問題に対処するために必要とあれば，非常権限の発動もいとわないとしたことである。具体的な方針を打ち立て，行動を起こすことに重きを置くことで，ルーズベルト大統領は自分が国の指揮を執っていくということ，そして自分が民衆の信頼に値する人物であることを証明している。

　ルーズベルト大統領は，演説の内容ばかりでなく，その語調や形式によっても国民の信頼を得ようとした。演説で使われたことばは，直接話法で，比較的飾り立ての少ないものである。演説は全米にラジオ放送されたため，ほとんど

の国民が自宅や職場などのくつろいだ場所で聞くことができた。洗練された演説，特にメディアを媒介にしたものは，大統領と国民との間に心理的な距離を生み出してしまうことがあるが，ルーズベルト大統領の気どらない直接話法の演説は，仲間同士の会話のような印象を与えるのに成功している。
　さらに，ルーズベルトのことばの選択によって，個人的で率直な印象を与えるだけでなく，演説全体が道徳色の強いものとなっている。ところどころで，「異常発生したイナゴの大群」，「不徳な両替屋」のような有名な聖書の隠喩を引用し，また「正直」，「規律」などのさまざまな道徳的価値を表すことばも頻繁に用いている。さらに，神の「祝福」，「守護」，「導き」ということばで演説を結ぶことで，よりいっそう道徳的な色合いを濃くしている。

7 ロナルド・W・レーガン
カリフォルニア商工会議所での演説

Ronald W. Reagan

"It's time we ended our obsession
with what is wrong
and realized how much is right"

何が間違っているか思い悩むのをやめ,
いかに多くが正しいかを理解する

Ronald W. Reagan（1911-2004）第40代アメリカ合衆国大統領（共和党）。米国史上最年長で選出され2期8年を務めた大統領。アナウンサー，映画俳優，カリフォルニア州知事を経て大統領に当選。冷戦終結に大きな役割を果たした。

演説の背景

　1960年代から70年代初期のアメリカは，社会的不安のなかにあった。ベトナム戦争によって人的資源や物質的な豊かさが失われ，さらに国家の目標意識はゆらいだ。それにしたがい，ケネディ大統領の短い就任期間中に生まれた理想主義は，キニク主義や不信感へと形を変えていった。戦争に反対する学生運動は，深く分断された国家のひとつの象徴にほかならず，都市部では，回復しない貧困と一向に実現されない政府の約束に失望した黒人や少数民族が暴動を起こした。中流階級の若者たちによる薬物使用が増加するにつれ，犯罪も急激に増加した。世界的にも，共産主義があちこちで勢力を増し，伝統的な価値観や既存の秩序は，あらゆる側面で真偽を問われていた。

　この不安定な情勢のまっただなか，ハンサムな中年の元映画俳優は，アメリカ経済や社会制度に対して率直で好意的な弁護をし，国民の心を魅了し始めた。レーガンは，アメリカを悪く言う人々を非難し，国家が成し遂げた数多くの業績を挙げて国を擁護した。レーガンは，30年代後半から40年代，50年代前半にかけて50以上もの映画に出演しており，50年代後半から60年代前半にはふたつの人気番組の司会者としてテレビ出演していたため，多くの国民にとってその声や顔はなじみ深いものであった。

　レーガンは，かねてから政治に強い興味を抱いていた。大学生の頃には学生ストライキに手を貸し，学生団体の委員長に立候補して当選している。映画俳優としては，俳優組合に積極的に参加し，1947年から1952年まで映画俳優同業組合の組合長を務めている。国政におけるキャリアをリベラルな民主党員として歩み出したレーガンであったが，1952年にアイゼンハワー長官の大統領選に協力したことで，その政治思想は徐々に保守派へと傾いていった。政治家として初めて全米で注目を集めたのは，大統領選に立候補し敗北したバリー・ゴールドウォーター上院議員のためにテレビで選挙運動を行った1964年であった。

　レーガンは，大きな政府に対抗する中流階級のための保守派として「一般市民」の立場で政治アピールを行い，幅広い支持を得ていた。レーガンは，1966年にカルフォルニア州知事に立候補し，2期を務めあげた民主党の現職知事からその席を勝ち取った。1970年には圧倒的な差で同職に再当選している。

　ここに収められたカルフォルニア商工会議所でのレーガンの演説は，1970年の州知事選挙のときに行われたものである。この演説は，レーガンの哲学やコ

ミュニケーション・スタイルを顕著に表している。1970年代には，アメリカでもっとも著名な保守派のスポークスマンとなり，1980年，そして1984年にはアメリカ合衆国大統領に当選している。

Ronald W. Reagan

ADDRESS TO
THE CALIFORNIA CHAMBER OF COMMERCE

[Transcript picks up the speech in its first moments after Governor Reagan has begun to speak]

... Ernie Loebeecke, members and directors of the Host committee, and our other Senator, George Murphy, and while you were giving me credit for being brave and noble about getting up with a little less than 3 hours' sleep this morning, I want you to know that our frail senior senator has shared that same ride back to Sacramento with me last night and he had the same less than 3 hours' sleep. And if there are any misprints in the Sacramento Union, in the next 24 hours, Carlisle Reed was along too, but he was sure to have 8 hours' sleep. I'm awfully happy about the prayer that we heard this morning, the chance to sit here for a while and recover from the first thoughts that I had about all of you and this occasion when the alarm went off. Ralph, while you were talking about what we've done to you with the fair, you reminded me of that little story back in the days of the Model T with the fellow who came in and said that he was halfway home when he ran out of gas, they said how'd you get here and he said "Hell, I just turned her over on the magneto and came on in anyway." Of course in this particular year if you could see your way clear to making a friend or two I wouldn't be mad.

You know, it is kind of wonderful and inspiring here in this 40-odd-year history of this gathering to see things taking place as they have been in the past. But we're a little uptight, everything seems to be changing and coming unglued. The

カリフォルニア商工会議所での演説

[以下は，レーガン州知事がスピーチを始めた直後の録音から書き起こしたもの]

……アーニー・ロウベック氏，ホスト委員会のメンバーおよび理事の皆さん，そしてわが州選出のもうひとりの上院議員ジョージ・マーフィー氏。さて，わたしが今朝は3時間も眠っていないというのに起き出してきたことを，潔くて立派だと皆さんはほめてくださいましたが，わたしよりもお歳を召した上院議員がご老体に鞭打って，昨晩はわたしと同じ車でサクラメントまで戻ってきまして，やはり3時間も眠っていないということをお伝えしておきたいと思います。そして，今後24時間以内に『サクラメント・ユニオン』紙に誤植があったとしたら，やはり同乗してきたカーライル・リード氏につきましては，たっぷり8時間は眠っていることを言い添えておきます。今朝はご一緒にお祈りのことばを聞き，またここにしばし座っている間に，目覚し時計が鳴ったときに，皆さんやこの会について抱いた思いを払拭することができまして，たいへんうれしく思います。ラルフさん，先ほどのスピーチで，美女を連れたあなたに，わたしたちが何をしたかという話を聞いているうちに，わたしはT型フォード車が走っていた時代の小話を思い出しました。ある男がやって来て，帰宅途中でガス欠になったと言います。皆がいったいどうやってここまで来たのかと尋ねたところ，男は「まあな，マグネット発電機でエンジンをかけて，ともかくも行き着いたってわけさ」と答えたということです。むろん，もう今年のことであれば，ラルフさんが，ひとりかふたりの人と親しくなれるというのであれば，わたしは腹を立てたりはしないでしょう。

さて，40年余りの歴史のあるこの会が，変わることなくつつがなく催されているのは，なかなか励みになるすばらしいことです。しかしわたしたちは少々

この演説の冒頭の正確な記録は残っていない。　[8] **Sacramento** カリフォルニア州北部に位置する州都。　[10] **Sacramento Union**『サクラメント・ユニオン』 カリフォルニア州の新聞。1851年に発刊，1994年に廃刊。　[17] **the Model T** 1908年–1927年に製造されたマグネット発電機（高圧磁石発電機）による点火方式の旧式フォード車。　[24] **40-odd-year**「40年余り」

Ronald W. Reagan

kinds want a three-party system. One party in power, one party out, and one party marching on the capitol. Now they're talking about the voting age being lowered to 18. If they do that, the next President would have three problems: Vietnam, inflation, and acne. A guy came into the State Department of Education the other day, he was complaining about schools. And he finally raised his voice and said "My child is learning fingerpainting!" And they said, "Well, that's just part of progressive education." He said, "But nude models?" That's one thing about Murph and I, if things should change with regard to our present jobs, we can't go back to show business. We're too old to take our clothes off. A kid the other day had been playing hooky for 7 weeks, they don't call it that anymore. The world has gone so progressive. They just gave him an incomplete in roll call.

I want to apologize. I regret very much that I had to miss your dinner last night. And I hope you realize that only duty could have kept me away. We're all united in our belief in the importance of bringing new growth industries to California. So when I received an invitation to dine with the head of the fastest growing industry in the world which recently opened a branch office in San Clement, I felt it my responsibility to attend.

It is a great pleasure to be breaking bread with you this morning, as we have on three such annual occasions. Now in each of these you were brought up to date by me on how much we saved in the purchase of typewriter ribbons. This year will have to be different.

This is an election year and it would be taking unfair partisan advantage of this honorable occasion if I were to tell you that we have fewer fulltime state employees than we had

不安を感じています。何もかもが変化し，乱れてきているように見えるからです。若者は三大政党制を望んでいます。一党は政権を握り，一党は政権を外れ，一党はもっぱら議事堂に向かってデモ行進するというわけです。今，若者は選挙権取得年齢を18歳まで引き下げるべきだ，などと言い出しています。もしそれが実現すれば，次期大統領は三つの問題を抱えることになります。ベトナム，インフレ，そしてニキビです。先日，ひとりの男が州教育庁にやって来て，学校についての不満を述べていました。そしてついに声を荒らげ，「わたしの子どもは，フィンガーペインティングを教わっているんですよ！」と言います。役人が「まあ，それは進歩主義教育の一環ですから」と応じると，「だからといって，ヌード・モデルを使うとは，どういうことですか？」と，やり返されたそうです。こういうのには，マーフィーさんもわたしも参ってしまいます。万一わたしたちが今の仕事をクビになっても，今さらショービジネスの世界に戻ることはできません。ふたりとも歳をとりすぎていて，服を脱ぐわけにはいかないのです。先日ある生徒が，7週間学校をさぼっていました。いや，もう「さぼる」などということばは使われません。世の中はあまりも進みすぎました。その子は出席調べの際に返事がなかった，とされただけです。

　昨晩は，皆さんと夕食をご一緒することができず，ほんとうに申し訳なく思っています。わかっていただきたいのですが，やむにやまれぬ職務のためだったのです。わたしたちは皆，新しい成長産業をカリフォルニアに誘致することが重要だと信じ，心をひとつにしています。そこで，最近サンクレメントに支店を開いた，世界でもっとも成長の目覚ましい業界のトップとの夕食に招待されたとき，そちらに出席するのがわたしの責務だと考えたわけです。

　今朝は皆さんと朝食をともにできまして，光栄の至りです。年に3回，このような機会を持てて幸いです。さて，こうした会のたびに，わたしは皆さんに，タイプライターのインクリボン購入に際してどれだけ節約したかについて，逐次お知らせしてきました。でも今年はそうはゆきません。

　今年は選挙の年であります。こんなお話をしたら，この栄えある集いを党派活動のために不当に利用することにもなるでしょう。こんなお話とは，わが州

---

[8] **fingerpainting** 指に直接絵の具をつけて絵を描く方法。心理療法のひとつでもある。
[9] **progressive education** 「進歩主義教育」 生徒の個性・自主性を尊重した教育。これが学力低下や規律の乱れを招いたとも言われている。　　[22] **San Clement** 「サンクレメント」 カリフォルニア州オレンジカウンティ内の町。

4 years ago and that we will have even fewer by next year. Or that we have returned more than $1 billion in direct property tax relief to the homeowners. And there's no way, without being purely political, for me to tell you of the miles of beaches and the thousands of acres of land that we've added to our state parks; the progress we've made in the fight against smog and crime and pornography and traffic fatalities—so, of course I won't do any of those partisan things or tell you any of those.

It is a great privilege to address this annual gathering, seriously, of the leaders of California business and industry. I've had a concern for a long time about the practice that has grown up in this country of separating our people—pitting group against group—as if the interests of one are totally incompatible with the other. By coincidence, on Monday, Labor Day, I'll be speaking to a gathering of the rank-and-file members as well as leaders of organized labor. I'm sure that my remarks here, and what I say there, would be easily interchangeable. Certainly, there is nothing contradictory about my presence at both of these meetings. For one thing there is my own background with some 25 years as an officer and board member of my union. I succeeded to the office of president following the presidency in that same union of our Senator, George Murphy.

But, more important, there is the truism so often expressed by that great labor statesman and patriot, Samuel Gompers, the founder of the AFL. Today, there are those who would like to have us forget how often he preached that labor and management were partners—equally responsible for the preservation of the American free enterprise system—co-equal members, if you will, of "the establishment."

の常勤職員数が 4 年前よりも減っており，来年はさらに減る見込みであること，さらに州が，固定資産税軽減によって 10 億ドル以上を住宅所有者に還付したことです。そして，これは純粋に政治的にならずにはできない話ですが，わたしたちは何マイルものビーチと何千エーカーもの土地を州立公園に加え，スモッグと犯罪とポルノと交通事故の撲滅運動において成果をあげてきました──そう，もちろん，わたしはそうした党派活動をするつもりはありませんし，皆さんに以上のようなことをお話ししようとは思いません。

　真面目な話，カリフォルニアの商業界，産業界のリーダーが集まるこの年次集会でスピーチするのは非常な名誉であります。わたしは長い間憂えてきました。この国ではしだいに，人々を分かち，グループどうしで対抗させる風潮が強まり，まるで一方のグループの利益が他方のグループの利益とはまったく相容れないかのようです。労働祭記念日にあたる今度の月曜日に，偶然にもわたしは労働組合の一般組合員と幹部たちの会でスピーチをすることになっています。ここで話すのと同じような内容を，そのときもきっと話すことになるでしょう。こうした会のどちらにも出席することに，じつのところ何の矛盾もありません。というのも，ひとつにはわたし自身，映画俳優組合幹部役員としての 25 年あまりの経歴を持っているからです。そして，わがジョージ・マーフィー上院議員が務めていた組合委員長の職を引き継ぎもしました。

　けれど，もっと重要なのは，かの偉大な労働運動指導者にして愛国者，アメリカ労働総同盟の創立者であるサミュエル・ゴンパーズ氏がしばしば口にした，あの自明の理です。労働者と経営陣はパートナーだ，つまり，アメリカの自由企業システムの維持にともに責任がある，言ってみれば「体制」の同等メンバーだと，彼は繰り返し説いていました。昨今，それをわたしたちに忘れさせたがっている者がいます。

---

16 **rank-and-file**「一般(の)」　　27 **AFL:** American Federation of Labor.「アメリカ労働総同盟」 1886 年オハイオ州に設立された大規模な労働組合。

Ronald W. Reagan　　135

I'm sure that Mr. Gompers would have little patience today with those who claim that private enterprise, including labor and management, is engaged in some kind of consortium with government to perpetuate war, poverty, injustice, and prejudice. Nor would Mr. Gompers passively accept the charge that ours is a sick society beyond repair and incapable of providing answers for the horrendous problems that darken our days and fill our nights with terror.

We hear so much of this these days that I think it's time for the real establishment—the hard working overtaxed men and women of labor and management, the hard-hats and the soft-hats, blue collar and white, the housewife and the secretary—to take inventory. We've been picked at, sworn at, rioted against and downgraded until we have a built-in guilt complex.

And this has been compounded by the accusations of our sons and daughters who pride themselves on "telling it like it is." Well, I have news for them—in a thousand social science course lately they have been taught "the way it is not." They aren't uniformed; they are misinformed. They know a great many things that aren't true. Nothing is so dangerous as ignorance in action. The overwhelming majority of them are fine young people and they'll turn out just great if we make sure they hear both sides of the story.

Now I don't know about that tiny percentage who "have torch and will travel"—if they can get a free ride. They can't wait to put on a string of love beads and then go out and beat up a dean in the name of peace. Do not be surprised if the New Left turns out to be the Old Left in sandals and jeans.

But let's hope that even this tiny percentage discovers this. But, they'll have no chance unless we set the record straight.

今日，民間企業が労使ぐるみで，政府とのある種の共同事業体を成して，戦争や貧困や不正義や偏見を長らえさせているのだと主張する者たちを，ゴンパーズ氏が見たとしたら，きっと我慢ならないことでしょう。また，現代社会が修復不能なまでに病んだ社会であり，昼を暗黒にし，夜を恐怖で満たす恐ろしい諸問題に対する答えは提供できないという非難を，氏は甘受することはないでしょう。

　今日こうした非難を，いやというほど聞かされるので，わたしは今こそ真の「体制派」——重税にあえぐ勤勉な労働者と経営陣，超保守主義者とそうでない者，ブルーカラーとホワイトカラー，主婦と秘書——が状況を詳しく調べてみるときだと思います。わたしたちはこれまで，粗探しをされ，罵られ，暴動を起こされ，軽視されて，ついには罪の意識を植えつけられるに至りました。

　そしてこれにさらに拍車をかけてきたのは，「ありのままに話す」ことを誇る息子や娘からの非難でした。そこで彼らに知らせたいことがあります。無数の社会科学の授業は，近年「ありのままではないこと」を教えているのです。彼らは情報を与えられていないのではありません。誤った情報を与えられているのです。知っていることのじつに多くが真実ではないのです。真実を知らぬまま行動するほど，危険なことはありません。彼らの圧倒的多数は，まっとうな若者であり，物事の両面を聞かせてやれば，立派な人間になるでしょう。

　もっとも，ただ乗りできるのなら，どこへなりと出かけて行ってデモ行進するような，ごく一部の若者たちについては保証のかぎりではありません。彼らは矢も楯もたまらず，反戦を象徴するビーズのネックレスを身につけ，運動に加わり，たとえば大学の学生部長といった人物を平和の名のもとにぶちのめします。新左翼の正体が，じつはサンダルとジーンズ姿の旧左翼だったとしても，驚くにはあたりません。

　そうしたごく一部の人たちも，このことに気づいてくれればよいのですが。けれどわたしたちが誤解を正さなければ，彼らにそのチャンスはありません。たしかにアーニーさんの言うとおり，彼らが受け継ぐ世界は完璧にはほど遠い

---

12 **blue collar and white**「ブルーカラーとホワイトカラー」　前者は肉体労働を主体とする労働者で，後者は事務職などの知識労働の従事者を指す。　26 **free ride**「ただ乗り」　不労所得などの意味もある。

Ronald W. Reagan

It's true that as Ernie said that the world they'll take over is less than perfect. Poverty hasn't been eliminated, bigotry and prejudice still exist in too many hearts, and man's greatest stupidity—war—still takes place. But it's a better world than we inherited, which in turn was better than our fathers took over and so it will be hopefully, for some generations to come.

Now as for our generation—don't misunderstand my remarks. I have no intention of apologizing for our generation. Because no people in the history of mankind have paid a higher price or fought harder for freedom than has this generation of Americans. And no people have done so much in a single lifetime to advance the dignity of man as we have. We didn't have to make a field trip to ghetto or share [sic]—a sharecropper's farm to see poverty. We lived it in a great depression. Few of us will ever forget, I'm sure, the look in the eyes of men, once able and skilled, who lined up at charity soup kitchens—their pride eaten away by hunger.

Perhaps this is why we have taxed ourselves at a rate higher than any society has ever imposed on itself to give the disadvantaged a second chance at life. Now, I have to confess that with all of that effort we haven't been wise in the effort, and we've failed to achieve our purpose, but not because of a lack of compassion. The effort continues.

We fought the grizzliest war in history. And let it be recorded that never have the issues of right and wrong been so clearly defined as they are in that conflict. And I wonder how many have given thought of what this world would be like today if our generation hadn't been willing to bleed its finest young men into the sand at Omaha Beach, the mud of Normandy, and a thousand coral atolls up and down the Pacific. We knew, and we hoped our children will learn before

ものです。貧困はなくなっていません。偏狭と偏見は，相変わらずあまりにも多くの人の心の中に存在しています。そして人類の最大の愚行，つまり戦争は，依然として起きています。けれど，それはわたしたちが受け継いだ世界よりも良い世界です。そしてわたしたちが受け継いだ世界も，わたしたちの親が受け継いだ世界よりも良い世界でした。今後の世代にとっても，そうであってほしいものです。

　さて，わたしたちの世代についてですが，どうかわたしの言うことを誤解しないでください。わたしは，自分たちの世代のことで謝罪するつもりはありません。なぜなら人類史上，アメリカのわたしたちの世代ほど，自由のために高い代償を払い，必死で戦ってきた者はいないのですから。そして，一生涯のうちに，人類の尊厳を高めるためにこれほどの働きを見せた者もいません。わたしたちは，わざわざゲットーや南部の物納小作人の耕地へ現地調査に行くまでもなく，貧困を目の当たりにしてきました。大恐慌で自ら貧困を体験したのです。かつて有能で仕事ができた男たちが，慈善スープの列に並んでいるときに目に浮かべていた表情を忘れられる人が，どれほどいるでしょう。彼らの誇りは，飢えに食い尽くされていました。

　だからこそわたしたちは，恵まれない人たちに人生でもう一度チャンスを与えるために，今までのどの社会よりも重い税を自分たちに課してきたのでしょう。ここで正直に言わねばなりません。精一杯努力はしましたが，それは賢明な取り組み方ではなく，目的を達成することはできませんでした。しかし思いやりの心が欠けていたからではありません。努力は今も続いています。

　わたしたちは，歴史上もっとも恐ろしい戦争を戦い抜きました。そして，覚えておいてほしいのですが，この戦いのときほど正邪の問題が明確に定義されたことはありません。もしわたしたちの世代が，オマハビーチの砂や，ノルマンディの泥や，太平洋に散らばる数多くの環状珊瑚島に，選り抜きの若者たちの血を流させなかったならば，今日の世界はどうなっていただろうかと，どれだけ多くの人が考えてきたでしょうか。わたしたちは次の事実を知っており，手遅れになる前に，次の世代がそれを学んでくれることを望みました。人間は，真に価値あるもののために，つねに死をもいとわなかったことを，そしてその価値あるものの上に文明が築かれているという事実を。

---

13 **[sic]** ラテン語で「原文のまま」の意味。　29 **Omaha Beach** フランスのビーチ名。第二次世界大戦で連合軍が遂行したノルマンディー上陸作戦における上陸地点のひとつ。　30 **Normandy** フランスの地名。ノルマンディー上陸作戦が行われた場所。

it's too late, that the truly great values upon which civilization is built are those things for which men have always been willing to die.

From time to time, a single generation is called upon to preside over a great transition period. And ours was such a generation.

The other day I was having a meeting with some student leaders and one of them, a student body president from one of our universities, challenged me, when I was talking about some things in our younger days, that the problem today was that we no longer could understand our sons and daughters. And I tried to impress upon him that most of us knew more about being young than we did of being old. But he said, "Now it's different." He said, "You just don't understand the great change which has taken place." He said "When you were young you didn't live in a world with instant electronic communications, nuclear power, jet travel, the magic of cybernetics, the computers that computed in seconds what it used to take men months and years to figure out." Well, that's true. We didn't have those things when we were young. We invented them!

I have already lived 10 years longer than my life expectancy when I was born. Our children don't even know the names of some of the diseases that we lived through. Disease that had maimed and killed for centuries are now almost forgotten because of our efforts, our dollars, and our research.

When we were born, two-thirds of the people in this country lived in substandard housing; now it's less than 10 percent. Ninety percent of all Americans when we were born lived below what is considered the poverty line; by the time it

ひとつの世代が，大きな過渡期を乗り切るように求められるときがあります。わたしたちの世代が，そうした世代だったのです。

　先日，わたしは学生のリーダーたちと話し合いの場を持ちました。わたしが若き日の思い出話をしているときに，州のある大学の学生委員長が，今ではもう，あなたたち親の世代は子どものことを理解できない，そこが問題なのです，と言うのです。そこでわたしは，たいていの者は，老年のことよりも若い頃のことをよく知っているという事実をわかってもらおうとしました。けれど彼は「いや，時代が違います」と言います。「あなたはまったく，わかっていない。世の中はすっかり変わってしまったんですよ。あなたが若いときに生きていた世界には，瞬時につながる通信機器も，原子力も，ジェット機での旅行も，魔法のような人口頭脳工学（サイバネティクス）も，人間が何か月も何年もかかっていた計算を数秒で片づけてしまうコンピュータもなかった」と。それはそうです。わたしたちが若いときには，そうしたものはありませんでした。わたしたちがそれを発明したのですから！

　わたしは，自分が生まれたときの平均寿命よりも，すでに10年長く生きてきました。わたしたちの子どもは，わたしの世代がかかってきた病気のうちで，名前すら知らぬものもあるでしょう。何世紀にもわたって，人間の命や体の自由を奪ってきた病気は，今やわたしたちの努力とお金と研究によって，ほとんど忘れられています。

　わたしたちが生まれたとき，国民の3分の2は標準以下の住宅に住んでいました。今，そうした人は1割もいません。わたしたちが生まれたとき，アメリカ人の9割は，貧困ライン以下とみなされる生活をしていました。わたしたちが一人前になって社会を引き継いだときには，その数字は半分足らずにまで減少していました。そしてわたしたちが成人してから今に至るまでの間に，まだ貧困ライン以下にいる国民の数は1割未満となりました。今日「今すぐ革命を」と叫ぶ者たちに状況を見直させ，自分たちが少々愚かなのだと気づかせてやりましょう。なにしろ，わたしたちの世代は，前代未聞の偉大な社会的・経済的革命を成し遂げたのですから。

was our turn to take over and join the adult generation that had been reduced by more than half, and now in our adult lifetime we have brought that figure down to 10 percent of our citizens still below the poverty line. Let those who today cry "revolution now" take a second look and feel a little stupid—for our generation has presided over the greatest social and economic revolution the world has ever seen.

We took on a racial problem that no other people in history have ever dared tackle. Now granted we haven't erased prejudice from every heart or will it be erased by militant behavior or parading pickets, but we opened doors in our adult lifetime that had been locked and barred for a hundred years.

If I may use a personal example as a measuring point, I began my adult life getting out of college, my post school years, as a radio sports announcer broadcasting major league baseball. But I didn't have any Willie Mays or Hank Aaron to describe. The official baseball rule book said, "Baseball is a game for Caucasian gentlemen." And so it was in most other things—the professions, executive positions, white-collar employment, foreman and supervising jobs, and the skilled crafts. Education for our Negro citizens was barely minimal.

But today, 30 percent of all the employed Negroes in our land hold what are classed as high-status jobs. In the last decade alone there has been a 50 percent increase in foreman and skilled-craftman jobs held by them. Their median income in the decade of the sixties has risen more than 50 percent and the difference in average years of schooling between Negroes and whites has virtually disappeared. Probably the most significant figure is that of college opportunity and this is an astounding figure that most people don't realize that today in

わたしたちは，歴史上どの民族も取り組もうとしてこなかった人種問題に挑みました。たしかに，まだすべての人の心から偏見を消し去ったわけではありませんし，この先，攻撃的な行動やデモ行進によって偏見が消し去られるわけでもないでしょうが，100年間鍵をかけられて閉ざされていた扉を開いたのは，わたしたち大人世代なのです。

　参考までに，わたし個人の例を挙げさせてください。わたしが社会人としての人生を歩み始めたのは，大学を卒業して学生生活と別れを告げ，メジャーリーグの野球中継をするラジオ・スポーツアナウンサーになったときです。けれど，この時代にはまだウィリー・メイズやハンク・アーロンといった黒人メジャーリーガーは活躍していませんでした。公式の野球ルールブックには「ベースボールは白人紳士のための競技である」と書かれていました。そしてほかのことでも，たいていそうだったのです。専門職，幹部の地位，ホワイトカラー職，職長や管理職，熟練技能職でも同じで，黒人が教育を受ける機会は，ほんのわずかでした。

　ですが今日，わが国の全黒人就業者の3割が，上級に分類される職に就いています。この10年間だけでも，黒人の職長や熟練技術者が5割も増加しました。黒人の収入の中央値は，60年代の10年間で5割以上増加し，黒人と白人が受ける学校教育平均年数の差は，ほとんどなくなりました。もっとも重要な数字は，大学教育を受ける割合でしょう。これは驚くべき数字です。ほとんどの人は知らないでしょうが，今日この国で大学に進学する若い立派な黒人男女の割合は，世界のどの国の白人の進学率をも上回るのです。

---

[19] **Caucasian**「白人（人種）」

this country a higher percentage of our fine young Negro men and women are going to college than the percentage of whites in any other country in the world.

It's true this isn't good enough—much remains to be done; but we're the first generation to say "much remains to be done" and to take on the task and keep on going and be unsatisfied with what has taken place so far. If our sons and daughters make the same progress in the next 20 years, that we have in the past 20, this racial problem that has beset us for so long will be solved for all time to come.

No, ours is not a sick society; nor is our social and economic system in total disrepair. In the aftermath of World War II, we generously poured hundreds of billions of dollars into Europe and very possibly prevented a collapse of Europe into anarchy. We staved off famine in India and we even restored our enemies' capacity to produce and to be self-sufficient. Our workers work fewer hours and produce a standard of living that kings couldn't afford less than a century ago.

And for all this we're called materialistic. Well maybe so. But, there are more local symphonies in this country than in all the rest of the world put together. There's more opera in even our smaller communities, more amateur theaters. Mail order houses advertising original paintings at prices that everyone can afford. Golf, and boating and equestrian sports and skiing—once the special province of the rich—are now the weekend pleasure of the workingman.

Our materialism has made our children the biggest, the tallest, the most handsome and intelligent generation of Americans that has ever lived. They'll live longer, with fewer illnesses, learn more, see more of the world, and have more

むろん，これで十分とは言えません。まだ成すべきことがたくさん残っています。けれどわたしたちは，「まだ成すべきことがたくさん残っている」ことを口にし，その課題を引き受け，前進し続け，これまで起きたことに満足しない，最初の世代です。わたしたちの息子や娘が，次の20年間に，わたしたちが過去20年間に成し遂げたのと同じ進歩を遂げれば，長い間わたしたちにつきまとってきたこの人種問題は，永遠に消え去るでしょう。

　わたしたちの社会は，決して病んでなどいません。社会と経済のシステムが，まったく修復不能ということもありません。第二次世界大戦後に，わたしたちは何千億ドルものお金をヨーロッパに惜しみなく注ぎ込み，ヨーロッパが無政府状態に陥るのを防いだと言っても過言ではありません。インドの飢饉を食い止め，敵国さえ復興させ，生産や自給自足を可能にしました。わが国の労働者は，より少ない労働時間で，一世紀足らず前には王でさえ享受できなかった生活水準を生み出しています。

　ところが，こうしたことのために，わたしたちは物質主義者と呼ばれています。たしかにそうかもしれません。ですがこの国には，世界中を合わせたよりも多くの地方交響楽団があります。小さなコミュニティーにさえ多くのオペラ劇場が，そしてアマチュア劇団があります。通信販売会社は，誰もが手が届く値段で絵画のオリジナルを提供しています。かつては金持ちの特権であったゴルフやボートや乗馬やスキーが，今や労働者の週末の楽しみになっています。

　この物質主義のおかげで，わたしたちの子どもは，アメリカの歴史の中でいちばん大きく，背が高く，端麗で知的になりました。彼らは歴史のどの時期のどの人々よりも長生きをし，かかる病気は少なく，多く学び，世界をたくさん見て回り，それぞれの夢と野心を実現することに大きな成功を収めるでしょう。それはわたしたちの「物質主義」の賜物です。

Ronald W. Reagan

success in realizing their personal dreams and ambitions than any other people in any other period of history—because of our "materialism."

In the meantime, we must see that their evaluation of their heritage is based on fact and not distortions of some malcontents who suffer mental hyperacidity. From the very first man that ever struck spark and started fire, one-half of all the economic activity of the human race has taken place and been conducted in these few centuries under American auspices. That Marxian Utopia, the Soviet Union, must force its workers to labor seven times as long as their American counterparts to earn food, twelve and one-half times as long to buy a bar of soap, and fifteen times as many hours to buy a suit of clothes. If we really tried to equal the Utopia of the Soviet Union by very diligent effort we could achieve it, but we'd have to tear down 60 percent of our homes, 65 percent of our railroads and destroy 90 percent of our telephones.

But somehow I think an idealistic generation of young Americans would find the vast bureaucracy of a collectivist state much more lacking in soul than the American businessman that they know so little about. More than 50,000,000 Americans are engaged in volunteer work for charities, youth activities, and community projects. More than half of our combined federal, state, and local budgets go for health, welfare, and education. On top of this tax burden, our citizens and business freely contribute another $14 billion each year to good causes.

Last year American businessmen found a quarter of a million unemployables who had never in their lifetime held a steady job. They were trained and put to work in jobs paying much more than some had ever dreamed they would earn.

その一方で、わたしたちは、子どもたちが自ら受け継ぐものを事実に基づいて評価するようにしなければなりません。精神面で胃酸過多を患っている不平分子の歪曲に基づかないように。人間が初めて火打ち石で火を起こしたときから今に至るまでの人類の経済活動の半分は、アメリカの保護のもとでこの数世紀の間に起こり、行われてきました。あのマルクス主義のユートピアであるソビエト連邦は、食費を稼ぐためにアメリカの労働者の 7 倍も長く、石鹸 1 個買うために 12.5 倍長く、スーツ 1 着買うために 15 倍多くの時間、労働者に労働を強いらざるをえません。もしわたしたちがソビエト連邦のユートピアと同等になろうというのなら、ほんとうに非常に勤勉な努力をすればなれるでしょう。けれどそのためには、わたしたちの住宅の 60 パーセントと、鉄道の 65 パーセントと、電話の 90 パーセントを破壊しなければなりません。

　とはいえわたしが思うに、アメリカの理想主義的な若者世代も、集産主義国家の巨大な官僚制度には、自国の企業経営者よりもずっと心が欠けていることに気づくのではないでしょうか。この世代は、自国の企業経営者について、たいして知っているわけではないのですが。現在 5,000 万を超えるアメリカ人が、慈善や青年活動やコミュニティー事業のためにボランティアとして働いています。連邦と州と地方の予算の合計の半分以上が、保健衛生、福祉、教育に使われます。この税負担に加えて、わが国の市民や企業は、毎年さらに 140 億ドルを、公益活動に進んで寄附しています。

　昨年、アメリカの企業経営者は、それまで障害などのために雇用に適さないとされて定職に就いたことのなかった人を 25 万人雇いました。彼らは訓練を受け、仕事に就き、なかには夢にも思わなかったほどの報酬を得た人もいます。

---

[10] **Marxian**「マルクス主義の」　ドイツの経済学者カール・マルクス（1818–1883）とフリードリヒ・エンゲルス（1820–1895）による思想体系。　　[19] **collectivist**「集産主義国家」　生産の手段を国有化し中央集権的に統制することで、国家全体の繁栄を目指す。

Last year these same businessmen spent hundreds of millions of dollars to send kids from the ghettos to college.

You here know something of all this. For 3 years your State Chamber has joined with labor and government to conduct the "Summer Jobs for Youth" campaigns. And, the Chamber has provided the impetus and finding—of finding jobs for "Athletes for Jobs" program.

Let me interject here on behalf of government my thanks for all that your Chamber, under Ernie Loebbecke and the directors and the staff, is doing in all those fields which have direct bearing on the future of California. Thanks to all of you, we headed off fiscal chaos by defeating Proposition 8 in the last election and insured orderly progress in financing of schools, our veterans homes, our recreational development, and our great water projects by passing Proposition 7.

Since last we met, the creative partnership between government and business has been greatly expanded and enhanced. Your World Trade department, dedicated to increasing California's share of the world's export-import market, is in close harmony with our Industry and World Trade Commission, which is headed by Bill Roberts at Ampex. You already had reference to this real contribution to our citizenship of we the people. You continue to help us fund the bicentennial as Ernie told you through the sale of the medallions. The list of Chamber contributions to the California community is great, but also as Ernie told you so is the list of problems confronting us.

There is the matter of air pollution and pollution of our environment. Each one of us must help determine what kind of earth future generations will inhabit, or, in fact, whether future generations will have a habitable earth.

昨年こうした企業経営者は，子どもたちをゲットーから大学にやるのにも，何億ドルも使いました。

　ここにいらっしゃる皆さんは，こうしたことはある程度ご存知でしょう。わが州の商工会議所は3年にわたり，労働者や州政府と協力して「若者のための夏季職（サマー・ジョブ・フォー・ユース）」キャンペーンを実施してきました。また，この会議所は，「職を求める運動選手（アスリート・フォー・ジョブ）」プログラムのために仕事探しを後押ししてきました。

　ここで州政府に代わって，感謝の念を述べさせてください。この会議所はアーニー・ロウベック氏と理事やスタッフの皆さんのもとで，カリフォルニアの将来に直結するこれらの分野のすべてで尽力してくれています。皆さん方のおかげで，わたしたちは，先の選挙で提案八号を無効にすることによって，財政的混乱が起きるのを防ぎました。そして提案七号を通過させることによって，学校や退役軍人ホームの運営，余暇活動の促進，大規模な水道事業計画において，財源確保を確実に進めてきました。

　前回お会いしたときよりも，政府と企業の創造的なパートナーシップは大幅に広がり，前進しています。この会議所の世界貿易局は，世界の輸出入市場におけるカリフォルニアのシェアを広げることに専念しています。そしてアンペックス社のビル・ロバーツ氏率いる産業・世界貿易委員会と緊密に協同しています。皆さんが，わたしたち市民としての義務に，こうして本格的に貢献してくださっていることについては，すでにお話がありました。そして，アーニーさんのことばのとおり，皆さんは記念メダル販売を通じて，アメリカ独立200年祭の基金集めの手助けを続けてくださっています。この会議所が，カリフォルニアのコミュニティーにいかに貢献しているかは，挙げればきりがありません。ですが同時に，アーニーさんも言ったように，わたしたちが直面している問題も数多くあるのです。

　たとえば，大気汚染と環境汚染の問題です。わたしたちひとりひとりが，どんな地球を未来の世代に残せるかを決めなければなりません。いや実際には，住むのに適した地球を未来の世代に残せるかどうかを考える必要があります。

Free men engaged in free enterprise build better nations with more and better goods and service, higher wages and higher standards of living for more people. But, free enterprise is not just a hunting license. It is the hallmark of contemporary management that it recognizes the individual and social responsibilities which go hand-in-hand with freedom.

The same industrial-technological revolution that has helped raise our standard of living, and has served as a derivative source of income for both the citizen and his government, has also been the cause of a great deal of the effluence which pollutes our environment. We know that we can't shut down our factories and our plants—we can't throw hundreds of thousands of people out of work and destroy our economy. There are some who take the word "ecology" and would simply go riding off into the sunset destroying everything that man has built. There is a commonsense interpretation of ecology. I have never believed that a dog figures it's ecology to preserve the fleas to be saved. But we can—and we do—expect that business and industry will do everything possible to produce the maximum affluence with the minimum of effluents.

I believe that the vast majority of businessmen are with us in this. As a matter of fact, let me commend you on your Advisory Committee on California's Environment, which is chaired by Dr. Arnold Beckman.

Business and industry if it applies the same inventive genius, the same technological emphasis to the problems of pollution that it used to produce cans that won't rust, and plastics that won't decay and detergents that won't dissolve, then we'll solve our problem.

自由な企業活動をしている自由な人間が，より多くの人のために，より多くのより良い財とサービス，より高い賃金と生活水準によって，より良い国々を作ります。ですが自由企業は，ただの狩猟ライセンスとはわけが違います。自由には個人的責任と社会的責任が伴うことを認めるのは，現代的経営手腕の品質証明なのです。

　産業技術革命は，わたしたちの生活水準を高める一助となり，市民と政府双方の二次的な収入源の役割を果たしてきました。しかし同時にそれは，わたしたちの環境を汚染する排出物の大半の原因でもありました。むろん工場や施設を閉ざすことはできません。何十万もの人を失業させ，経済を破壊するわけにはいかないのです。「エコロジー」ということばを振りかざし，人間が築いたものを何もかも破壊して，夕暮れの地平線の彼方に姿を消し，あとはおかまいなしとしかねない人もいます。しかし，エコロジーには常識的な解釈があります。ノミを保護して救ってやるのがエコロジーだと，犬が思っているわけはないでしょう。けれどわたしたちは，最小の排出物で最大の豊かさを生み出すために，商業・産業界ができるだけのことをしてくれるだろうと期待できますし，実際そう期待しています。

　企業経営者の圧倒的多数が，この点に異存はないと，わたしは信じています。実際，アーノルド・ベックマン博士が議長を務める，この会議所の「カリフォルニアの環境に関する諮問委員会」には，称賛のことばを述べさせてください。

　商業界・産業界が，錆びない缶や，劣化しないプラスチックや，分解しない中性洗剤をかつて生み出したのと同じ発明の才と技術の粋を駆使して，汚染問題に取り組むならば，問題は解決されるでしょう。

Ronald W. Reagan　　151

Former Soviet Premier Nikita Khrushchev once boasted that he'd bury us. He failed—unless we all get together and solve the problems of pollution, we could bury ourselves—in garbage.

At the moment, our minds are concerned though with another problem that Ernie referred to and those of little faith are already crying "doom" ... a refrain they chanted after World War II and again after Korea. Now after three years of the lowest unemployment that we've known in decades, we have to admit we are in an economic pinch that has, among other things, increased unemployment to almost the level that we were accustomed to for several years prior to 1967. I have no intention of minimizing the hardship of the trained and willing worker who is unable to find a job, but there is no reason to give away to panic.

An effort had to be made to slow inflation—that effort was long overdue; perhaps because those in charge don't have the courage to face the temporary dislocation that such a move could bring about. Added to this has been the transition from a war to a peacetime economy that's gradually taking place. This, too, had to happen and it had been ducked. Approximately 800,000 former military personnel and defense workers have been thrown into the labor market nationally. I suppose that would make our share about 80,000.

I have little patience with those who question whether we can handle that situation. We have never been more prosperous, or more generous with our prosperity. Never more truly concerned with welfare of the less fortunate, with education and equality of opportunity. Never more determined to bring decency and order to the world.

前ソビエト首相ニキータ・フルシチョフは，アメリカを葬ってやると豪語していました。彼はそれに失敗しましたが，わたしたちが力を合わせて汚染問題を解決しなければ，自らを葬ることになりかねません——ゴミの中に。

　けれど現在わたしたちは，アーニーさんが触れた別の問題に関心を寄せており，信念などないに等しい人たちはすでに「破滅」を叫んでいます——第二次世界大戦後，そして再び朝鮮戦争後に，彼らが挙げたシュプレヒコールを。過去数10年間で失業率がもっとも低い状態が3年続いた後，今わたしたちは経済的危機にあることを認めねばなりません。とりわけ失業率が増加してきて，1967年以前の数年間とほぼ同じレベルにまで達しています。技術も労働意欲もあるのに職を見つけることができない人たちは，さぞかしたいへんだろうと思います。けれど，ここでパニックに陥る必要はありません。

　インフレ抑止のための取り組みがなされるべきでした——遅きに失したと言えます。それと言うのも，そうした取り組みがもたらしうる一時的な混乱に直面する勇気を，担当者が持っていないからかもしれません。加えて，時代は戦争から平和経済へと，徐々に移行していました。これも起きるべくして起きたのですが，取り組みはなされないままでした。およそ80万の元軍人や防衛産業労働者たちが，全国の労働市場に投げ込まれました。わが州では8万人ほどになるでしょう。

　そんな状況に対処できるのかと疑問を持つ者に，わたしは我慢なりません。わたしたちはかつてないほど豊かになり，その豊かさを惜しまずに人に与えています。持たざる者の福利や，教育，機会均等などに，かつてないほど誠実な関心を持っています。そして世界に良識と秩序をもたらそうと，かつてないほどの決意を固めているのです。

---

[1] **Nikita Khrushchev** ソ連の政治家（1894–1971）。

Ronald W. Reagan

It's time we ended our obsession with what is wrong and realized how much is right, how great is our power and how little we really have to fear.

If California were a nation, we would be one of the world's great economic powers. The United States would be first in the world in Gross National Product and California would rank seventh. The Los Angeles area, alone, produces a gross product that's exceeded by only nine nations in the world. Only the United States has more automobiles than California and only the United States and Japan have more telephones than the States of California and except for tiny, oil-rich Kuwait with its population of 600,000, California's 20,000,000 people earn more and spend more than their counterparts in the rest of the world. We're younger—with a median age of 30; 84 percent of us live in cities of more than 25,000 population and still we lead the world and the nation in agricultural wealth.

Half of America's Nobel Laureates reside in California; 110 of the National Academy of Sciences are on the faculty of the University of California alone. Some years ago a President of the United States said in a time of great trial and great danger that this generation had a rendezvous with destiny. Perhaps some of us thought we had fulfilled that destiny in World War II. Then perhaps when that didn't seem to be our fulfillment that maybe after we had restored the world's economy that we've fulfilled our destiny. But then came the problems, and the conflicts and the bloodshed that has been so much a part of the Cold War. And now, the seeming deterioration of all that we've been aspiring to for 6,000 years. Well our destiny shall be fulfilled. It is still ahead of us and it is to preserve all that which we have built. We don't advocate chauvinism and narrow selfish bragging about a particular community or a

もういいかげん，**何が間違っているかなどとくよくよ思い悩むのをやめ，いかに多くが正しいか**，わたしたちの力がいかに偉大か，ほんとうに恐れなければならないものが，いかに少ないかを理解しましょう。

　もしもカリフォルニアがひとつの国であるなら，世界有数の経済大国です。GNPにおいてはアメリカが世界一であり，カリフォルニアは7位になるでしょう。ロサンジェルス地域にかぎっても，総生産においてそれを上回るのは世界でたった9か国です。カリフォルニアより自動車保有台数が多いのはアメリカだけです。電話保有数においては，アメリカと日本だけがカリフォルニア州よりも多く，石油資源に恵まれた人口60万の小国クウェートを除いて，カリフォルニアの2,000万人は世界の残りの人々よりも多く稼ぎ，多く支出しています。わたしたちは年齢の中央値が30歳と若く，州民の84パーセントは人口25,000人以上の都市に住んでおり，それでも農業生産において国と世界をリードしています。

　アメリカのノーベル賞受賞者の半数がカリフォルニアに住んでいます。カリフォルニア大学の教員の中にだけでも，米国科学アカデミー会員が110人います。かつてあるアメリカ大統領が大きな試練と大きな危機に際して，「この世代は使命と出会った」と言いました。その使命を，第二次世界大戦でもう果たしたと考えた者もおそらくいるでしょう。それが違っていたように思えると，今度は，世界経済の復興が成ったときに，これで使命を果たしたのだろうと考えたかもしれません。しかし，その後にさまざまな問題が起き，闘争と流血がありました。みな，冷戦と大きなかかわりを持つものです。そして今，人類が6,000年にわたって熱望してきたものがすべて悪化しているように見えます。それならば，わたしたちの使命を果たそうではありませんか。相変らずわたしたちの前にあるその使命とは，人類がこれまでに築いたもののいっさいを維持することです。わたしたちは，ある特定のコミュニティーや，特定の国や社会について自慢する，狂信的身びいきや偏狭な利己主義を提唱しているわけではありません。ですが自分たちが何者であるか，何を持っているかを理解するうえで，正当な誇りや愛国主義は狂信的身びいきとは違います。ときどき思うの

---

[20] **a President of the United States**「あるアメリカ大統領」 第32代アメリカ大統領フランクリン・D・ルーズベルト（1882–1945）を指している。

particular nation or a society. But there is a difference between chauvinism and legitimate pride and patriotism in recognizing what we are and what we have. Sometimes I think the thing that is missing in this country is the story I used to hear when I was a boy in a much less sophisticated time. When we used to tell about the American tourist in Italy who was shown Mt. Vesuvius with a plume of smoke still coming up and told of its great capacity for destruction. And he said, "Hell, we've got a volunteer fire department back home that could put that thing out in 15 minutes."

If California's problems and California's people were put into a ring together, in all justice it would have to be declared a mismatch. There's nothing we can't do if we put our hearts, our minds, and our muscle to the job.

If I may paraphrase the late and immortal General George Patton—I would have to say—I feel sorry for our problems, I pity our poor damn problems, I surely do. Thank you.

ですが，この国に欠けているのは，わたしが子どもだった，ずっと素朴な時代によく耳にした物語ではないでしょうか。こんな話がありました。イタリアに旅行したアメリカ人が，噴煙を上げるベスビオ火山を見せられ，その破壊力の大きさについて聞かされました。すると彼は言いました。「なーに，うちの国には，有志の消防隊があるさ。あんなもの 15 分もあれば消してしまうよ」と。

カリフォルニアが抱える問題とカリフォルニアの人々を，同じリングに立たせるとすれば，それはおよそ公平な組み合わせとは言えないでしょう。わたしたちが心を，気持ちを，力を込めて問題に対処すれば，できないことなどないのですから。

死してなお名を残すジョージ・パットン将軍のことばを借りれば，こう言わざるをえません——わが州を敵に回した諸問題を哀れに思う，ほんとうに，心から同情する，と。ご清聴ありがとうございました。

---

15 **General George Patton** アメリカ陸軍の将軍（1885–1945）。

演説の解説

　政治家としてのキャリアのまっただなかのころ，レーガン大統領はメディアにおいて「偉大なるコミュニケーター」と呼ばれていた。この評判は，リズミカルな文章や詩的なことばを用いて心に残るフレーズを作り出す技巧によって築いたものではない。レーガンの深遠な思想によるものでもない。むしろ，歯に衣着せぬ発言や，議論を補足する面白くかつ詳細にわたる説明，そして気どらないユーモアで普通の人間として国民とかかわることによって築いたものである。

　レーガンの文体は，簡潔で飾り気がない。とりわけ短い文章を好み，一文が二十語以上になることはほとんどなかった。語順も単純で，主語は必ず文頭に置き，その後すぐに動詞がくる。さらに語彙は普通の高校生が知っている範囲に収まっている。レーガンは，自身のキャリアの初期にスポーツアナウンサーをしていたため，ジャーナリストらしい率直な話し方がのちのスピーチスタイルにも残っていた。この簡潔な文章が，典型的な政治演説者にはない率直さや親近感をもたらしている。

　レーガンのことば自体は，それほど聴衆の関心を引きつけるものではなかったが，演説を興味深いものにする補足材料の使い方をよく心得ていた。記者会見や大統領選ディベートではいたるところにユーモアをはさみ，カリフォルニア商工会議所での演説のような選挙運動演説では，ユーモアを最大の武器にした。また，「新左翼が，じつはサンダルとジーンズ姿の旧左翼だったとしても，驚くにはあたらない」のように，ユーモラスなイメージを作り上げることに非常に長けていた。小話をすることも好きで，もっとも重要な大統領演説のときでさえ，例によって少なくとも一回，ときにはさらに多くの小話をはさんだ。場合によっては，ユーモアの効果を狙ってではなく，重要な点を浮き彫りにするためだけに小話を使うこともあった。たとえば，学生のリーダーたちとの会合やその中で交わされた世代間の違いについての議論がそうである。しかし，ほとんどの場合，要点を伝えることとユーモアの効果を得ることの両方を目的として用いられた。

　思想を裏づけたり，それをさらに強固なものにするために使用した手段は，ユーモアだけではない。レーガンが得意としたのは，具体的で興味深い事実をいくつも並べることである。データにインパクトを与えるために頻繁に比較表現を用いている。「もしもカリフォルニアがひとつの国であるなら，世界有数の

経済大国です」と説明し,「GNPにおいてはアメリカが世界一であり,カリフォルニアは7位になるでしょう。ロサンジェルス地域にかぎっても,総生産においてそれを上回るのは世界でたった9か国です。カリフォルニアより自動車保有台数が多いのはアメリカだけです。電話保有数においては,アメリカと日本だけがカリフォルニア州よりも多く,石油資源に恵まれた人口60万の小国クウェートを除いて,カリフォルニアの2,000万人は世界の残りの人々よりも多く稼ぎ,多く支出しています。わたしたちは年齢の中央値が30歳と若く,州民の84パーセントは人口25,000人以上の都市に住んでおり,それでも農業生産において国と世界をリードしています」と述べている。このように詳しいデータを積み重ねることで,具体的で,かつ人々が興味を持つような方法でメッセージを伝えている。

　偉大なるコミュニケーターと呼ばれたレーガン大統領の演説の3つ目の特徴は,カリフォルニア商工会議所での演説でも例証されているように,自分をごく普通の人間に見せる能力である。レーガンはこれをいくつかの方法で行っている。ひとつの方法は,まず,人間としての自らの弱点をさらけ出し,笑いの種にすることである。レーガンは「マーフィーさん(ジョージ・マーフィー上院議員)とわたしとのことだが」,「万一わたしたちが今の仕事をクビになっても,今さらショービジネスの世界に戻ることはできない。ふたりとも歳をとりすぎていて,服を脱ぐわけにはいかない」と冗談を言っている。また,組合の代表者であった経験や,経営陣と労働者を「体制」における同等のメンバーであると考える話をして,自身を一般市民と同じ立場に置いている。「重税にあえぐ勤勉な労働者と経営陣」を非難する過激派の学生たちを冷笑することで,さらに自分を一般市民に重ね合わせて聴衆との一体感を作り出している。気どらない話や表現方法も,レーガンがアメリカ国民となんら変わらない庶民であるというイメージを作るのに一役買っている。「エコロジーには常識的な解釈がある」と言い,「ノミを保護して救ってやるのがエコロジーだと,犬が思っているわけはない」と述べたのもその一例である。

　レーガン大統領の演説は,カリフォルニア商工会議所での演説も,ほかのどの演説も,特段完成度が高いというわけではない。にもかかわらず,コミュニケーターとしての高い能力が,レーガンをアメリカの演説者の中でも特別な存在として位置づけている。シンプルなことばを用いる独特な話し方はレーガンしか持ちえない才能である。これにより,一般のアメリカ人はレーガンに親しみをおぼえ,彼のメッセージを無理なく理解することができたのである。

8 ビル・クリントン
大統領就任演説

Bill Clinton

> "There is nothing wrong with America
> that cannot be cured by what is right with America"
>
> アメリカの良い面をもってすれば，
> アメリカが抱える問題で解決できないものなどない

Bill Clinton (1946–現在) 第42代アメリカ合衆国大統領（民主党）。弁護士，アーカンソー州知事を経て大統領に当選。2期8年を務め，経済政策に注力し成果をあげた。

演説の背景

　1991年の末頃，ジョージ・ブッシュ大統領は，アメリカ国民の間で絶大な人気を誇っており，多くの政治評論家たちは，1992年11月の大統領選挙ではブッシュが再選を果たすものと考えていた。その頃ソビエト連邦が突如崩壊したことにより，アメリカ国民は大いに安堵し，ブッシュは東ヨーロッパの情勢を安定させた立役者として，国民から厚い信頼を寄せられていた。景気は好調ではなかったものの，ゆっくりと着実な回復が見込まれていた。中東への軍事拡大や占領計画を企てていたイランに，アメリカ軍がすばやく激しい打撃を加えたところでもあり，国民はブッシュ大統領の外交政策における決断力を称賛し，アメリカの力を世界に再び印象づけたと自負していた。

　野党・民主党は表向きブッシュ大統領の弱みとなりそうな欠点を並べ立てていたが，ほとんどの議員は，ホワイトハウスの奪還は，1996年の大統領選まで待たなければならないだろうと密かにあきらめていた。民主党の大物議員たちが，次々に大統領候補者指名への立候補を断念していくなか，無名の民主党員たちが，秋の大統領選挙でジョージ・ブッシュに挑戦したいと名乗り出てきた。そのなかで，民主党の新しい挑戦者たちの代表となったのが，アーカンソー州知事のビル・クリントンである。

　質素な片親の家庭に育ったクリントンは，不運な家庭環境や経済的逆境を乗り越え，ジョージタウン大学，オックスフォード大学（イギリス），さらにエール大学でエリート教育を受けた。クリントンの若さや顔立ち，魅力的な家族，人道的でリベラルな価値観は，ジョン・F・ケネディを彷彿とさせた。青年の頃にケネディ大統領に会ったことがあるクリントンは，現にケネディの理想主義が，自分に影響を及ぼしたとも語っている。

　予備選の選挙運動の最中には，過去の不倫関係，若い頃にマリファナを試したことや懲役忌避の疑惑など，多くの個人的な問題が立ちはだかったが，クリントンは，そのひとつひとつに率直に取り組むことで，支持を獲得していった。懸命に選挙運動を行い，とかくインタビューや聴衆との質疑応答では高い能力を発揮した。ほかの挑戦者たちが徐々に身を引いたり消えていったりしたため，7月の民主党大会の数週間前には，クリントンが民主党からの大統領候補者に指名されることは確実となっていた。一方，共和党は8月の党大会でジョージ・ブッシュを再指名することを決めた。

　最後の選挙運動が始まった1992年9月には，年始めのブッシュ人気は急激

に下降し，世論調査ではクリントンが大差でリードしていた。その頃，経済情勢は悪化の一途をたどっており，アメリカの経済危機への対応に失敗したとして，クリントンはブッシュ大統領を激しく非難した。ブッシュ陣営は，人格攻撃を行うネガティブ・キャンペーンを中心に展開していたが，選挙戦に有効な焦点は見つけられないようであった。そしてすべての票を数え終えたとき，ビル・クリントンは，当初不可能に思えたことを成し遂げていた。一時絶大な人気を誇ったジョージ・ブッシュを打ち負かしたのだ。

　選挙運動の最後の数週間，クリントンは，早急に大統領の任務に就くことを国民に約束した。就任後の最初の100日間で，アメリカ経済の立直しと，国家の優先事項の見直しを図ることを目標とした一連の計画を，議会を通過させると約束している。このため，国民は1993年1月20日に行われるクリントンの就任演説を，強い関心を持って待ち望んでいたのである。

Bill Clinton

Inaugural Address

My fellow citizens: Today we celebrate the mystery of American renewal.

This ceremony is held in the depth of winter. But, by the words we speak and the faces we show the world, we force the spring.

A spring reborn in the world's oldest democracy, that brings forth the vision and courage to reinvent America.

When our founders boldly declared America's independence to the world and our purposes to the Almighty, they knew that America, to endure, would have to change.

Not change for change's sake, but change to preserve America's ideals—life, liberty, the pursuit of happiness. Though we march to the music of our time, our mission is timeless.

Each generation of Americans must define what it means to be an American.

On behalf of our nation, I salute my predecessor, President Bush, for his half-century of service to America. And I thank the millions of men and women whose steadfastness and sacrifice triumphed over Depression, fascism and Communism.

大統領就任演説

　国民の皆さん。きょうわたくしたちはアメリカの再生という神秘の儀式を執り行います。

　この儀式が行われている今は、まさに冬のさなかです。それにもかかわらず、わたくしたちが口にすることばと、世界に見せる表情によって、早々と春を迎え入れるのです。

　世界でもっとも古い民主主義の中で蘇（よみがえ）った春を。アメリカの再建に必要な展望と勇気をもたらす春を。

　わが国の創建者たちは、世界に向かってアメリカの独立を、神に対してわたくしたちの決意を大胆に宣言したとき、十分承知していたことがあります。それは、アメリカが存続するためには変化が欠かせない、ということです。

　といってもそれは、変化のための変化ではありません。アメリカの理想、つまり生命と自由、そして幸福の追求を堅持するための変化です。わたくしたちは時代のリズムに乗って進むのですが、わたくしたちの使命は時代を超えたものです。

　どの世代も、アメリカ人であることの意義を明確にしなければなりません。

　わたくしはわが国民に代わって、前任者のブッシュ大統領に対して、半世紀にわたってアメリカのために尽くしてきたことに敬意を表します。そして、大恐慌やファシズム、共産主義に対して犠牲をいとわず頑として立ち向かい、勝利を収めた何百万もの人々に感謝します。

Bill Clinton　William Jefferson Clinton の通称。　[17] **President Bush** 第41代アメリカ合衆国大統領ジョージ・H・W・ブッシュ（父）を指す（1924–）。　[20] **fascism** イタリアのムッソリーニによる独裁的な政治体制およびその思想。　**Communism** 私的財産を社会と共有することで平等を生み出そうとする思想。

Today, a generation raised in the shadows of the Cold War assumes new responsibilities in a world warmed by the sunshine of freedom but threatened still by ancient hatreds and new plagues.

Raised in unrivaled prosperity, we inherit an economy that is still the world's strongest, but is weakened by business failures, stagnant wages, increasing inequality, and deep divisions among our people.

When George Washington first took the oath I have just sworn to uphold, news traveled slowly across the land by horseback and across the ocean by boat. Now, the sights and sounds of this ceremony are broadcast instantaneously to billions around the world.

Communications and commerce are global; investment is mobile; technology is almost magical; and ambition for a better life is now universal. We earn our livelihood in peaceful competition with people all across the earth.

Profound and powerful forces are shaking and remaking our world, and the urgent question of our time is whether we can make change our friend and not our enemy.

This new world has already enriched the lives of millions of Americans who are able to compete and win in it. But when most people are working harder for less; when others cannot work at all; when the cost of health care devastates families and threatens to bankrupt many of our enterprises, great and small; when fear of crime robs law-abiding citizens of their freedom; and when millions of poor children cannot even imagine the lives we are calling them to lead—we have not made change our friend.

きょう，冷戦¹の影のもとで育った世代が，自由の日差しに暖められた世界の中で，新しい責任を担うことになったのですが，この世界は相変らず古くからの憎悪と新たな災厄に脅かされています。

　比類なき繁栄の中で育ったわたくしたちは，今なお世界最強の経済を受け継ぐわけですが，この経済は，経営の失敗や賃金の伸び悩み，不平等の拡大，そして，わたくしたち国民の間の根深い不和によって弱っています。

　わたくしがつい先ほど誓ったのと同じ宣誓のことばを，ジョージ・ワシントン⁹が初めて誓ったとき，そのニュースは陸上を馬で横切り，海上を船で渡って，ゆっくりと伝わっていきました。それが今やどうでしょう。この儀式の映像と音声は，世界中の何十億もの人々に瞬時に伝えられています。

　通信も通商も地球規模で行われています。投資は地理的制約から解放され，技術は魔術と見まごうほどです。そして誰もがより良い生活を望んでいます。わたくしたちは世界中の人々と平和的に競いながら生計を立てています。

　深遠で強力な力がわたくしたちの世界をゆるがし，作り替えています。そんなわたくしたちの時代の抱える切迫した疑問は，変化を敵ではなく味方にできるかどうかです。

　この新しい世界は，その中で競い，勝ち抜くことのできる何百万ものアメリカ人の生活をすでに豊かにしてくれました。しかし今，ほとんどの人が以前にも増して一生懸命に働いているのに，受ける報酬は逆に減っています。働きたくても働けない人もいます。医療費の負担によって，家計が逼迫(ひっぱく)し，わが国の企業の多くが，大企業も中小企業も等しく，倒産の危機にさらされています。犯罪の恐怖によって，法を遵守する市民の自由が奪われています。無数の貧しい子どもたちは，わたくしたちが，彼らに生きてもらいたいと願っている人生を想像すらできない状況にあります。これではわたくしたちは変化を味方にしたとは，とうてい言えません。

---

¹ **the Cold War**（1945–1989）第二次世界大戦後，アメリカを中心とした資本主義とソ連を中心とした共産主義が対立。武力を伴わない戦争だったため冷戦と呼ばれる。
⁹ **George Washington**（1732–1799）アメリカ合衆国初代大統領。

We know we have to face hard truths and take strong steps. But we have not done so. Instead, we have drifted, and that drifting has eroded our resources, fractured our economy, and shaken our confidence.

Though our challenges are fearsome, so are our strengths. And Americans have ever been a restless, questing, hopeful people. We must bring to our task today the vision and will of those who came before us.

From our revolution, the Civil War, to the Great Depression to the civil rights movement, our people have always mustered the determination to construct from these crises the pillars of our history.

Thomas Jefferson believed that to preserve the very foundations of our nation, we would need dramatic change from time to time. Well, my fellow citizens, this is our time. Let us embrace it.

Our democracy must be not only the envy of the world but the engine of our own renewal. **There is nothing wrong with America that cannot be cured by what is right with America.**

And so today, we pledge an end to the era of deadlock and drift—a new season of American renewal has begun.

To renew America, we must be bold.

We must do what no generation has had to do before. We must invest more in our own people, in their jobs, in their future, and at the same time cut our massive debt. And we must do so in a world in which we must compete for every opportunity.

誰もが承知しているとおり，わたくしたちは厳しい現実に立ち向かい，思い切った手を打たなければならないのです。しかしわたくしたちは，まだそうせずにいます。それどころか，わたくしたちは道をそれてしまいました。そして，あてもなくさまよううちに，わが国の富は蝕まれ，経済は疲弊し，自信はゆらぎました。

　わが国は恐ろしい難局に直面していますが，わが国の底力にも恐るべきものがあります。アメリカ人は昔から変化を求め，理想を追う，希望に満ちた国民でした。わたくしたちはきょう，先祖から受け継いだ洞察力と意志をもって自らの課題に取り組まなければならないのです。

　独立戦争から南北戦争，大恐慌，市民権運動に至るまで，わが国民はつねに断固たる決意をもって事に臨み，これらの危機をわが国の歴史の礎に変えてきました。

　トーマス・ジェファーソンは，わが国の大切な土台を維持するためには，ときおり劇的な変化が必要だと確信していました。国民の皆さん，今こそわたくしたちがその変化をもたらすときです。さあ，この機会をしっかりとらえようではありませんか。

　わが国の民主主義は全世界の羨望の的であるばかりでなく，わたくしたち自身の再生の原動力にもなっていなければなりません。**アメリカの良い面をもってすれば，アメリカが抱える問題で解決できないものなどありません。**

　ですからきょう，わたくしたちは誓うのです。行き詰まりと成り行きまかせの時代は終わった——アメリカ再生のための新しい季節が始まったのだ，と。

　アメリカを再生するには，大胆にならなければなりません。

　これまでどの世代にも求められなかったことを，成し遂げなければなりません。自分たちアメリカ国民とその仕事に，その将来に，もっと投資すると同時に，巨大な赤字を削減しなければなりません。しかも，どんな機会を得るのにも競争を強いられる厳しい世界の中で，これを達成しなければならないのです。

---

9 **the Great Depression**「大恐慌，世界大恐慌」1929 年にニューヨーク証券取引所において株価が大暴落したことに端を発する世界規模の経済不況。　10 **civil rights movement**「市民権運動，公民権運動」1950–60 年代，有色人種に対する差別の撤廃と平等な権利の付与を求めて行われた運動。　13 **Thomas Jefferson**（1743–1826）第 3 代アメリカ合衆国大統領。

It will not be easy; it will require sacrifice. But it can be done, and done fairly, not choosing sacrifice for its own sake, but for our own sake. We must provide for our nation the way a family provides for its children.

Our Founders saw themselves in the light of posterity. We can do no less. Anyone who has ever watched a child's eyes wander into sleep knows what posterity is. Posterity is the world to come—the world for whom we hold our ideals, from whom we have borrowed our planet, and to whom we bear sacred responsibility.

We must do what America does best: offer more opportunity to all and demand responsibility from all.

It is time to break the bad habit of expecting something for nothing, from our government or from each other. Let us all take more responsibility, not only for ourselves and our families but for our communities and our country.

To renew America, we must revitalize our democracy.

This beautiful capital, like every capital since the dawn of civilization, is often a place of intrigue and calculation. Powerful people maneuver for position and worry endlessly about who is in and who is out, who is up and who is down, forgetting those people whose toil and sweat sends us here and pays our way.

Americans deserve better, and in this city today, there are people who want to do better. And so I say to all of us here, let us resolve to reform our politics, so that power and privilege no longer shout down the voice of the people. Let us put aside personal advantage so that we can feel the pain and see the promise of America.

これは決して容易なことではありません。とうぜん犠牲も求められるでしょう。しかし不可能ではありません。公正に行うことができるはずです。犠牲のための犠牲を強いるのではなく，自分自身のために犠牲を強いるのであれば。わたくしたちは，あたかも親が子を養うように，わが国の必要を満たしていかなければなりません。

　わが国を打ち立てた人々は，子孫のことを念頭に置いて自らを顧みたものです。わたくしたちも，そうせずにはいられません。子どもがまぶたを閉じて眠りに落ちるところを一度でも見たことがあるならば，子孫とは何かを知っているはずです。子孫とは来るべき世界のことです。わたくしたちは，その世界のためにこそ自らの理想を掲げるのであり，その世界からこの地球を借り受けているのであり，その世界に対して神聖な責任を負っているのです。

　わたくしたちは，アメリカがもっとも得意とすることを行わなければなりません。すべての人にもっと機会を与え，すべての人に責任を分かち合ってもらうのです。

　今こそ，なんでも政府や他人にただでやってもらおうとする悪い習慣を断ち切るときです。さあ，もっと責任を持とうではありませんか。自分自身や自分の家族に対してだけでなく，社会や国家に対しても。

　アメリカを再生するには，わが国の民主主義に新しい活力を与えなければなりません。

　この美しい都は，有史以来どの都もそうであったように，しばしば陰謀と打算の場と化します。権力者は地位を求めて策をめぐらし，誰が取り立てられ誰が退けられたかとか，誰が昇進し誰が格下げされたか，などということばかり気にしていて，国民の汗と努力が自分たちをこの都に送り込み，その費用を負担してくれていることを忘れています。

　アメリカの国民は，もっと良い待遇を受けてしかるべきです。この都には，何とかしたいと思っている人々がいるはずです。さあ，決意を新たにして，わが国の政治を改革しようではありませんか。力や特権によって，人々の声が締め出されることがなくなるように。さあ，個人の利益はひとまず脇に置いて，自ら痛みを感じ，アメリカの前途に希望を見出そうではありませんか。

Bill Clinton

Let us resolve to make our government a place for what Franklin Roosevelt called "bold, persistent experimentation," a government for our tomorrows, not our yesterdays.

Let us give this capital back to the people to whom it belongs.

To renew America, we must meet challenges abroad as well at home. There is no longer division between what is foreign and what is domestic—the world economy, the world environment, the world AIDS crisis, the world arms race—they affect us all.

Today, as an old order passes, the new world is more free but less stable. Communism's collapse has called forth old animosities and new dangers. Clearly America must continue to lead the world we did so much to make.

While America rebuilds at home, we will not shrink from the challenges, nor fail to seize the opportunities, of this new world. Together with our friends and allies, we will work to shape change, lest it engulf us.

When our vital interests are challenged, or the will and conscience of the international community is defied, we will act—with peaceful diplomacy whenever possible, with force when necessary. The brave Americans serving our nation today in the Persian Gulf, in Somalia, and wherever else they stand are testament to our resolve.

But our greatest strength is the power of our ideas, which are still new in many lands. Across the world, we see them embraced—and we rejoice. Our hopes, our hearts, our hands, are with those on every continent who are building democracy and freedom. Their cause is America's cause.

さあ，決意を固めてわが国の政府を，フランクリン・ルーズベルトの言う「大胆で粘り強い実験」の場にしようではありませんか。昨日ではなく，明日のための政府にしようではありませんか。

　さあ，この都を，その本来の持主である国民に返そうではありませんか。

　アメリカを再生するには，国内だけでなく，国外の問題にも取り組まなければなりません。今日，国外の問題と国内の問題との間に明確な境界はありません。国際経済や地球環境，世界的エイズ危機，各国間の軍拡競争は，わたくしたちすべてに影響を及ぼします。

　今や古い秩序は過去のものとなり，新しい，より自由な世界が誕生しました。しかし世界はより不安定にもなりました。共産主義の崩壊は，古い憎悪と新しい危険をもたらしました。わたくしたちの多大な努力によってできあがった世界を，これからもアメリカが導いていかなければならないのは明白でしょう。

　アメリカは国内再建に取り組むわけですが，その一方で，この新しい世界が抱える難題に対して尻込みしてはなりませんし，新しい世界が与えてくれる機会を逃してもいけません。わたくしたちは友邦や同盟国と協力して，変化の行方を定めるのです。変化にのみ込まれてしまわないように。

　わが国の重要な利権が脅かされたり，国際社会の意志や道義がないがしろにされたりしたときは，わたくしたちは行動を起こします。可能であるならば平和的外交によって。必要とあれば武力をもって。ペルシア湾やソマリアをはじめ，さまざまな地域でわが国のために尽くしている勇敢なアメリカ人が，われわれの決意の証です。

　しかし，アメリカの最大の強みは，わたくしたちの理念の持つ力にあります。多くの国にとって，この理念はまだなじみの薄いものなのですが，それが今，世界中で根づいていくのが見られます。これはわたくしたちにとって，喜ばしいことです。わたくしたちの希望が，心が，そして手が，すべての大陸で民主主義と自由を確立しようとしている人々とともにあるのです。これらの人々の大義はまた，アメリカの大義でもあります。

---

2 **Franklin Roosevelt**（1882–1945）　第32代アメリカ合衆国大統領。

Bill Clinton　173

The American people have summoned the change we celebrate today. You have raised your voices in an unmistakable chorus. You have cast your votes in historic numbers. And you have changed the face of Congress, the presidency and the political process itself. Yes, you, my fellow Americans have forced the spring. Now, we must do the work the season demands.

To that work I now turn, with all the authority of my office. I ask the Congress to join with me. But no president, no Congress, no government, can undertake this mission alone. My fellow Americans, you, too, must play your part in our renewal. I challenge a new generation of young Americans to a season of service—to act on your idealism by helping troubled children, keeping company with those in need, reconnecting our torn communities. There is so much to be done—enough indeed for millions of others who are still young in spirit to give of themselves in service, too.

In serving, we recognize a simple but powerful truth—we need each other. And we must care for one another. Today, we do more than celebrate America; we rededicate ourselves to the very idea of America.

An idea born in revolution and renewed through two centuries of challenge. An idea tempered by the knowledge that, but for fate, we—the fortunate and the unfortunate— might have been each other. An idea ennobled by the faith that our nation can summon from its myriad diversity the deepest measure of unity. An idea infused with the conviction that America's long heroic journey must go forever upward.

きょうわたくしたちが祝っている変化を求めたのは，アメリカの国民です。皆さんは，はっきり声をそろえて高らかに訴えたのです。皆さんは歴史的な数の票を投じたのです。そして，皆さんは議会の顔ぶれを一新し，新しい大統領を選び，政治のプロセスそのものを変えたのです。そうです，皆さんは，わがアメリカ国民の皆さんは春を呼び込んだのです。ですから今，新しい季節が求める仕事にとりかからなければなりません。

　この課題に，わたくしは大統領のあらゆる権限を行使して取り組むつもりです。議会にも協力を要請します。しかし，どんな大統領も，どんな議会も，どんな政府も，単独でこの任務を遂行することはできません。アメリカ国民の皆さん，あなた方にも，わが国の再生のために自らの役割を果たしてもらわなければなりません。わたくしは新しい世代の若いアメリカ国民に，この新しい季節を献身の季節にするようお願いしたい。皆さんの理想に従い，不幸な境遇にある子どもたちを助け，恵まれない人々に寄り添い，ずたずたになったコミュニティーを再びひとつにまとめていただきたい。しなければならないことは，たくさんあります。ですから若い世代だけでなく，若い精神を持った何百万もの人々にも手伝ってもらわなければなりません。

　献身的に尽くしてみると，単純な，それでいてじつにもっともな真実に気づきます。わたくしたちは互いを必要としている，そして互いにいつくしみ合わなければならない，という真実に。きょうわたくしたちは，ただアメリカをほめたたえるだけではありません。わたくしたちはアメリカをアメリカたらしめている理念に，あらためて自らを捧げるのです。

　革命の中で生まれ，2世紀にわたる苦難を通して刷新されてきた理念に。わたくしたちのうちの恵まれている者，恵まれていない者は，運命しだいでは逆の立場に立たされていたかもしれないと知ることで深みを増した理念に。わが国は多様であるからこそ，このうえない調和を引き出せるという信念によって気高さを与えられた理念に。

And so, my fellow Americans, at the edge of the 21st century, let us begin with energy and hope, with faith and discipline, and let us work until our work is done. The scripture says, "And let us not be weary in well-doing, for in due season, we shall reap, if we faint not."

From this joyful mountaintop of celebration, we hear a call to service in the valley. We have heard the trumpets. We have changed the guard. And now, each in our way, and with God's help, we must answer the call.

Thank you and God bless you all.

アメリカの長い勇壮な旅は，つねに上向きのものでなくてはならないという確信に満ちた理念に。というわけで，アメリカ国民の皆さん，21世紀を目前に控えた今，始めようではありませんか。元気に，希望を持って，信念を抱き，秩序正しく。そして，与えられた仕事を成し遂げるまで，働き続けようではありませんか。聖書にはこうあります。「そして，たゆまず善を行いなさい。倦むことがなければ，やがて収穫のときを迎えられるから」と。

　この，お祝いの歓喜にあふれる山の頂上に，谷間から聞こえてくるのは，奉仕を求める声です。わたくしたちはトランペットが鳴り響くのを聞きました。衛兵も交替させました。そして今，わたくしたちひとりひとりが自分なりのやり方で，神の加護のもとに，献身を求める声に答えなければならないのです。

　ありがとうございました。すべての皆さんに神の祝福がありますように。

演説の解説

　クリントン大統領の就任演説は，巧みに練られた演説で，就任式典の場にふさわしく，かつクリントンの意図をよくくみ取ったものであった。その内容は，概して簡素な表現でまとめられているが，歴史に残る公式な場にふさわしいものとなるように，華やかなレトリックや，詩的な形式も用いている。冒頭の冬と春の隠喩はあまり独創的ではなく，ことによると少し不自然でもあるが，ある程度の効果はあったと言えるだろう。同様に，演説の終わりの聖書の引用や語句の引用も独創的とは言えないが，全体的に情緒的な演説を作り上げることには成功している。

　クリントンの演説でもっとも興味深い点は，二層に分かれたメッセージを聴衆に伝えるという手法である。片方では，一般的な哲学観念や，新政権を導いていく概念的なテーマについて述べようとしている。もう一方では，直面すべき問題の種類や，必要とされる立直し計画を明確にするなど，より具体化された説明をしている。

　演説の主な概念的テーマは，変化（change）と奉仕（service）の２点である。両方とも，まず演説の冒頭部分で提示され，その後も演説を通して何度も繰り返されている。変化については，「きょうわたくしたちはアメリカの再生（renewal）という神秘な儀式を執り行います」と冒頭文で示唆され，その２，３文あとにはさらにはっきりと，国家の創建者たちは，「アメリカが存続するためには変化が欠かせない」ということを承知していたと述べている。そして，「それは，変化のための変化ではなく，アメリカの理想，つまり生命と自由，そして幸福の追求を堅持するための変化である」と説いている。この簡潔な演説の中に，変化（change），再興（renew），再生（renewal）ということばが，19回も使われている。さらに，再創案（reinvent），再復興（revitalize），改革（reform），再建（rebuild）のような概念的に関連したさまざまなことばも使用されている。接頭辞「再（re-）」のついたことばの多用により，根本的な変化ではなく，過去に掲げた理想に国家を戻すことが必要である，ということを示している。「そのときどきで大きな変化が必要なこともある」と述べた第３代大統領トーマス・ジェファソンの発言をはじめ，歴史的な引用文を頻繁に用いることで，変化による再復興をさらに強く提案している。前任者のブッシュと自分とが異なる世代の視点を持つことを認め，過去を受け継ぎながらの変化をいっそう強調しているのである。

「奉仕」については「変化」ほど重点を置いてはいないが，実に効果的に提示している。演説冒頭でクリントンは，選挙に破れた前任者ブッシュについて惜しみない評価をし，「半世紀にわたってアメリカのために尽くしてきた」として敬意を表している。続いて，クリントンの世代が直面しなければならない新たな「責任」について語っている。奉仕，責任，犠牲，任務，努力のようなことばが演説のところどころに現れている。演説の終わりの部分では，「どんな大統領も，どんな議会も，どんな政府も，単独でこの任務を遂行することはできません。……わたくしは新しい世代の若いアメリカ国民に，この新しい季節を献身の季節にするようお願いしたい。……わたくしたちは互いを必要としている，……この，お祝いの歓喜にあふれる山の頂上に，谷間から聞こえてくるのは，奉仕を求める声です」と特に強調している。

　このような2つの大きなテーマを打ち立てながら，さらに聴衆に対して，より具体的な第二の主旨を伝えている。この二層目では，クリントンが提案した変化がどのようなものか，そして必要とされる犠牲の本質について触れている。国民へのさらなる投資，国債の削減，民主主義の再生，そして国際社会において，新たに指導力を発揮していくことなどがその内容である。これらの目標を達成するため，「ただでやってもらおうとすること」をやめ，「個人の利益はひとまず脇に置いておく」ように，そして平和と自由を維持する努力を続けるようにアメリカ国民に懇願している。

　クリントン大統領は，主題的および実際的なレベルの両方でアメリカ国民に訴えかけることで，この行事にふさわしい演説を期待する国民に応えつつ，かつ明確な政策方針を描き出すことに成功している。主題的な概念の話のみをしていれば，聴衆の形式的な期待には応えられていたであろうが，より直接的な関心事については軽視せざるをえなくなっていたであろう。反対に，実際的な事柄についてのみ訴えていれば，演説に歴史的な重要性を期待する声には応えられなかったであろう。

補遺

バラク・H・オバマ
より良き明日への希望

Barack H. Obama

"Yes we can."

われわれにはできる(イエス・ウィ・キャン)。

Barack H. Obama(1961–現在)第44代アメリカ合衆国大統領(民主党)。米国史上初のアフリカ系アメリカ人の血を引く大統領。弁護士,イリノイ州上院議員,合衆国上院議員などを経て大統領に選出される。2009年ノーベル平和賞受賞。

Barack H. Obama

THE HOPE OF A BETTER DAY

Hello, Chicago.

If there is anyone out there who still doubts that America is a place where all things are possible, who still wonders if the dream of our founders is alive in our time, who still questions the power of our democracy, tonight is your answer.

It's the answer told by lines that stretched around schools and churches in numbers this nation has never seen, by people who waited three hours and four hours, many for the first time in their lives, because they believed that this time must be different, that their voices could be that difference.

It's the answer spoken by young and old, rich and poor, Democrat and Republican, black, white, Hispanic, Asian, Native American, gay, straight, disabled and not disabled. Americans who sent a message to the world that we have never been just a collection of individuals or a collection of red states and blue states.

We are, and always will be, the United States of America.

It's the answer that led those who've been told for so long by so many to be cynical and fearful and doubtful about what we can achieve to put their hands on the arc of history and bend it once more toward the hope of a better day.

It's been a long time coming, but tonight, because of what we did on this date in this election at this defining moment change has come to America.

より良き明日への希望

　こんばんは，シカゴの皆さん。

　もし，アメリカが何事も可能な地であることをいまだに疑い，わが国の建国者の理想が現在も息づいていることをいまだに確信できず，われわれの民主主義の力をいまだに問う人がいるとしたら，今夜がその答えです。

　この答えは，学校や教会の周りに延々と伸びた，この国でかつてないほどの長蛇の列によって，そして三時間も四時間も並んで，その多くが人生で初めて投票したという人々によって示されました。今回は違う，自分たちの声がその違いを生み出せると，彼らは信じていたのです。

　この答えは，若者に高齢者，富める者に貧しい者，民主党員に共和党員，アフリカ系，白人，ヒスパニック，アジア系，ネイティブアメリカン，同性愛者（ゲイ）に異性愛者（ストレート），障害者に健常者がそろって出したものであり，彼らはわれわれが単なる個人の集まりや，赤い州と青い州の寄せ集めなど断じてなかったのだというメッセージを世界に発信したのです。

　われわれは現在も，これからもずっと，全州が団結した（ユナイテッド・ステーツ・オブ）アメリカなのです。

　この答えは，何が実現できるかについて冷ややかに構え，懸念を抱き，疑ってかかるようにと，じつに長きにわたって，じつに多くの人に言い聞かされてきた人々を動かして，歴史の弧に自ら手をかけ，いま一度，より良き明日への希望に向けさせたのです。

　長い時間がかかりました。しかし今夜，まさにこの日，この選挙で，この決定的瞬間にわれわれが起こした行動によって，アメリカに変化が訪れたのです。

---

15 **red states**「赤い州」伝統的に共和党支持者の多い州。　16 **blue states**「青い州」伝統的に民主党支持者の多い州。　20 **the arc of history**　マーティン・ルーサー・キング牧師に，"The arc of history is long, but it bends toward justice"（歴史の弧は長いが，正義に向かっている）ということばがある。

A little bit earlier this evening, I received an extraordinarily gracious call from Sen. McCain.

Sen. McCain fought long and hard in this campaign. And he's fought even longer and harder for the country that he loves. He has endured sacrifices for America that most of us cannot begin to imagine. We are better off for the service rendered by this brave and selfless leader.

I congratulate him; I congratulate Gov. Palin for all that they've achieved. And I look forward to working with them to renew this nation's promise in the months ahead.

I want to thank my partner in this journey, a man who campaigned from his heart, and spoke for the men and women he grew up with on the streets of Scranton and rode with on the train home to Delaware, the vice president-elect of the United States, Joe Biden.

And I would not be standing here tonight without the unyielding support of my best friend for the last 16 years, the rock of our family, the love of my life, the nation's next first lady Michelle Obama.

Sasha and Malia, I love you both more than you can imagine. And you have earned the new puppy that's coming with us to the new White House.

And while she's no longer with us, I know my grandmother's watching, along with the family that made me who I am. I miss them tonight. I know that my debt to them is beyond measure.

To my sister Maya, my sister Alma, all my other brothers and sisters, thank you so much for all the support that you've given me. I am grateful to them.

先ほど，マケイン上院議員からたいへん丁重な電話をいただきました。

マケイン議員は，この選挙で長く懸命な戦いを繰り広げました。そして彼は，それ以上に長く懸命な戦いを，愛するこの国のために続けてきました。彼がわが国のために耐え忍んできた犠牲は，われわれの多くには想像すらできません。この勇敢で私心のない指導者の献身の恩恵に，われわれはあずかっているのです。

わたしは彼に，そしてペイリン知事に，彼らの実績のいっさいに対して敬意を表します。そして今後，彼らと力を合わせ，この国の前途への希望を新たにするのを楽しみにしています。

ここで，この旅のパートナーに感謝を述べたい。選挙戦に真摯に取り組み，故郷スクラントンの街でともに育った人々や，勤務を終えてデラウェアの自宅へ向かう列車に乗り合わせた人々の声を代弁してきた人物，アメリカ合衆国次期副大統領，ジョー・バイデンです。

また，そのゆるぎない支えがなければ，今夜わたしがここに立つことはなかった女性，それは16年の長きにわたる親友であり，わが家の礎であり，わたしの最愛の人であり，わが国の次のファーストレディー，ミシェル・オバマです。

サーシャとマリア，ふたりが思う以上に僕は君たちを愛しているよ。犬を飼えることになったぞ。ホワイトハウスに一緒に連れていこう。

そして，もうこの世にはありませんが，祖母はきっと見守ってくれているはずです。今のわたしへと育て上げてくれたほかの家族たちとともに。今晩，祖母らがいないのが残念でなりません。彼らに受けた恩は計り知れません。

妹のマヤ，姉のアルマをはじめ，兄弟姉妹のみんな，いろいろと支えてくれてほんとうにありがとう。感謝しています。

And to my campaign manager, David Plouffe, the unsung hero of this campaign, who built the best—the best political campaign, I think, in the history of the United States of America.

To my chief strategist David Axelrod who's been a partner with me every step of the way.

To the best campaign team ever assembled in the history of politics, you made this happen, and I am forever grateful for what you've sacrificed to get it done.

But above all, I will never forget who this victory truly belongs to. It belongs to you. It belongs to you.

I was never the likeliest candidate for this office. We didn't start with much money or many endorsements. Our campaign was not hatched in the halls of Washington. It began in the backyards of Des Moines and the living rooms of Concord and the front porches of Charleston. It was built by working men and women who dug into what little savings they had to give $5 and $10 and $20 to the cause.

It grew strength from the young people who rejected the myth of their generation's apathy who left their homes and their families for jobs that offered little pay and less sleep.

It drew strength from the not-so-young people who braved the bitter cold and scorching heat to knock on doors of perfect strangers, and from the millions of Americans who volunteered and organized and proved that more than two centuries later a government of the people, by the people, and for the people has not perished from the Earth.

This is your victory.

それから，選挙対策本部長のデイビッド・プロフ，君はこの選挙戦の陰のヒーローだ。最高の，まさにアメリカ合衆国の歴史上最高と言ってもいい政治運動を築き上げてくれた。

　最高戦略責任者のデイビッド・アクセルロッド，君は終始わたしの傍らにいてくれた。

　そして政治史上最高の選挙チームにひと言。ここまでたどり着けたのは君たちのおかげだ。そのために君たちが払ってくれた犠牲には，永遠に感謝しきれないだろう。

　しかし何よりも，この勝利がほんとうは誰のものであるかを，わたしは絶対に忘れないでしょう。この勝利は皆さんのものです。皆さんのものなのです。

　わたしは大統領選の最有力候補では決してありませんでした。当初は資金も乏しく，支持もあまり得られませんでした。われわれの選挙運動はワシントンの大会場で生まれたのではありません。それはデモインの裏庭やコンコードの居間，チャールストンの玄関先で始まったのです。そして，この大きな目標のために，かぎりある蓄えの中から5ドル，10ドル，20ドルと資金を提供してくれた勤労者の皆さんによって守り立てられました。

　そこへ勢いをくれたのが若者たちです。彼らは無関心な世代であるとの通念を覆し，家や家族と離れてわずかな報酬で睡眠を削って働いてくれました。

　さらなる後押しとなったのが，身を切る寒さも焼けつく暑さもものともせず，見ず知らずの家の扉をたたいて回ってくれたそう若くはない人たち，そしてボランティアとして組織的に支援してくれた何百万ものアメリカ国民の皆さんです。皆さんのおかげで，「人民の，人民による，人民のための政治」という理念が，200年たった今もこの地上から滅び去っていないことが証明されました。

　これは皆さんの勝利なのです。

And I know you didn't do this just to win an election. And I know you didn't do it for me.

You did it because you understand the enormity of the task that lies ahead. For even as we celebrate tonight, we know the challenges that tomorrow will bring are the greatest of our lifetime—two wars, a planet in peril, the worst financial crisis in a century.

Even as we stand here tonight, we know there are brave Americans waking up in the deserts of Iraq and the mountains of Afghanistan to risk their lives for us.

There are mothers and fathers who will lie awake after the children fall asleep and wonder how they'll make the mortgage or pay their doctors' bills or save enough for their child's college education.

There's new energy to harness, new jobs to be created, new schools to build, and threats to meet, alliances to repair.

The road ahead will be long. Our climb will be steep. We may not get there in one year or even in one term. But, America, I have never been more hopeful than I am tonight that we will get there.

I promise you, we as a people will get there.

There will be setbacks and false starts. There are many who won't agree with every decision or policy I make as president. And we know the government can't solve every problem.

But I will always be honest with you about the challenges we face. I will listen to you, especially when we disagree. And, above all, I will ask you to join in the work of remaking this nation, the only way it's been done in America for 221 years—

そして，皆さんが行動を起こしたのは，単に選挙で勝つだけが目的でないことは承知しています。また，わたしのためでないこともよくわかっています。

　皆さんは，今後待ち受ける課題の重大性を理解しているからこそ決起したのです。なにしろ，今夜こうして勝利を祝っていても，明日にも挑むべき難題，すなわち，ふたつの戦争，危機に瀕した地球，そして100年に一度の金融危機が，生涯で最大のものだということを皆，承知しているのです。

　今夜こうして集っている間にも，勇敢なアメリカ国民がイラクの砂漠やアフガニスタンの山岳地帯で目を覚まし，われわれのために命の危険を冒していることを皆，承知しています。

　子どもが寝静まっても眠れずに，住宅ローンや医療費，子どもの大学までの教育費をどう工面しようかと，横たわったまま頭を悩ます母親や父親がいます。

　新たなエネルギーを活用し，新たな雇用を創出しなくてはなりません。新しい学校を建設し，脅威に立ち向かい，同盟関係を修復する必要があります。

　道のりははるか遠い。険しい上り坂もあるでしょう。われわれは一年，いや大統領の一任期を費やしても目的の地にたどり着けないかもしれません。しかし，アメリカよ，わたしは今夜ほど，そこにたどり着けるだろうという期待を強くしたことはありません。

　わたしは約束します。われわれ国民が一丸となって，そこにたどり着く，と。

　途中で挫折したり，早まったことをしたりもするでしょう。わたしが大統領として下す決定や，打ち出す政策には何から何まで同意できるわけではないという人も，大勢いるでしょう。また，政府があらゆる問題を解決できるわけではないことも，皆わかっています。

　ですが，われわれが直面する困難について，わたしはつねに皆さんに正直にお伝えします。皆さんの意見には耳を傾けたいと思います。意見が食い違うときには，なおさらです。そして何よりも，この国を立て直すという仕事に，ぜひ皆さんに参加していただくようお願いするつもりです。212年にわたってこの国で成されてきた唯一のやり方で，つまり，ブロックをひとつずつ，レンガをひとつずつ，まめだらけの手で積み上げていこうではありませんか。

Barack H. Obama 189

block by block, brick by brick, calloused hand by calloused hand.

What began 21 months ago in the depths of winter cannot end on this autumn night.

This victory alone is not the change we seek. It is only the chance for us to make that change. And that cannot happen if we go back to the way things were.

It can't happen without you, without a new spirit of service, a new spirit of sacrifice.

So let us summon a new spirit of patriotism, of responsibility, where each of us resolves to pitch in and work harder and look after not only ourselves but each other.

Let us remember that, if this financial crisis taught us anything, it's that we cannot have a thriving Wall Street while Main Street suffers.

In this country, we rise or fall as one nation, as one people. Let's resist the temptation to fall back on the same partisanship and pettiness and immaturity that has poisoned our politics for so long.

Let's remember that it was a man from this state who first carried the banner of the Republican Party to the White House, a party founded on the values of self-reliance and individual liberty and national unity.

Those are values that we all share. And while the Democratic Party has won a great victory tonight, we do so with a measure of humility and determination to heal the divides that have held back our progress.

1年9か月前，冬のさなかに始まった活動を，この秋の夜で終わらせるわけにはいきません。

　この勝利だけが，われわれの求める変化ではありません。その変化を実現する機会にすぎないのです。そして過去に逆戻りしていては，それは成しえません。

　皆さんの参加なくして，変化などありえません。新たな奉仕の精神，新たな犠牲の精神なくして，変化は起こりえないのです。

　ですから，新たな愛国の精神を，責任の精神を奮い立たせましょう。何事にも力を合わせ，いっそうの努力をし，わが身のみならずお互いを気遣う固い決意を，ひとりひとりが持とうではありませんか。

　忘れないでいただきたい。今回の金融危機がもたらした教訓があるとすれば，それは苦境に喘ぐメイン・ストリート（実体経済）をよそに，ウォール・ストリート（金融業界）が活況を呈するような事態などありえないということです。

　この国においては，国家全体が，国民全体が，隆盛も凋落もともにするのです。旧来の党派心や狭量で未熟な考えに傾く誘惑に抗いましょう。わが国の政治は，あまりにも長い間そうした党派心や考え方に蝕まれてきたのです。

　忘れないでいただきたい。共和党の旗を掲げて初めてホワイトハウスに入ったのは，この州の出身者だったではありませんか。共和党は，自立，個人の自由，国家の団結という価値観に基づいて創立されました。

　これらの理念は，われわれ全員が共有するものです。民主党は今夜，大きな勝利を収めましたが，われわれはこの勝利を謙虚な気持ちと，アメリカの進歩を妨げてきた亀裂を修復する決意をもって受け止めています。

---

[20] **a man from this state who first carried the banner of the Republican Party to the White House** アブラハム・リンカーンを指す。

As Lincoln said to a nation far more divided than ours, we are not enemies but friends. Though passion may have strained, it must not break our bonds of affection.

And to those Americans whose support I have yet to earn, I may not have won your vote tonight, but I hear your voices. I need your help. And I will be your president, too.

And to all those watching tonight from beyond our shores, from parliaments and palaces, to those who are huddled around radios in the forgotten corners of the world, our stories are singular, but our destiny is shared, and a new dawn of American leadership is at hand.

To those—to those who would tear the world down: We will defeat you. To those who seek peace and security: We support you. And to all those who have wondered if America's beacon still burns as bright: Tonight we proved once more that the true strength of our nation comes not from the might of our arms or the scale of our wealth, but from the enduring power of our ideals: democracy, liberty, opportunity and unyielding hope.

That's the true genius of America: that America can change. Our union can be perfected. What we've already achieved gives us hope for what we can and must achieve tomorrow.

This election had many firsts and many stories that will be told for generations. But one that's on my mind tonight's about a woman who cast her ballot in Atlanta. She's a lot like the millions of others who stood in line to make their voice heard in this election except for one thing: Ann Nixon Cooper is 106 years old.

今よりもはるかにひどい分裂状態にあった国民に，リンカーンが言ったとおり，われわれは敵どうしではなく友人なのです。情熱がわれわれの親愛の絆に緊張を走らせたかもしれませんが，その絆を断ち切らせてはならないのです。

　そして，わたしがまだ支持を得られていない国民の方々，今夜は皆さんの票をいただくことはできなかったかもしれませんが，わたしには皆さんの声はきちんと聞こえています。わたしには皆さんの助けが必要です。わたしは，あなた方の大統領ともなるのですから。

　さらに，海の向こうから，議会や宮殿からご覧になっている皆さん，この世界の忘れられた片隅でラジオの周りに体を寄せ合っていらっしゃる皆さん，われわれは身の上こそそれぞれ異なりますが，運命はひとつです。そして今，アメリカの指導部に新たな夜明けが近づいているのです。

　次に──この世界を破壊しようともくろむ者たちよ，われわれはお前たちを打ち負かす。平和と安全を求める人たちよ，われわれはあなた方を支援します。そして，アメリカの灯火は今なお燃え盛っているのだろうかと思っていた人たちよ，われわれは今夜，わが国の真の強さは軍事力や富の大きさではなく，われわれの理想，すなわち，民主主義，自由，機会，ゆらぐことのない希望の持つ不滅の力に由来することを，あらためて証明したのです。

　これこそがアメリカの真髄です。変化することができる，というのが。わが国は，まだ良くなります。われわれがすでに成し遂げたことは，明日成し遂げられること，成し遂げるべきことへの希望を生むのです。

　今回の選挙は，何世代にもわたって語り継がれるだろう史上初の出来事や，さまざまな逸話に事欠きませんでした。しかし，今夜わたしの頭に浮かぶのは，アトランタで一票を投じたある女性のことです。彼女はほかの何百万もの人と同じように，列に並んでこの選挙で自らの声を届けました。ただひとつ違うのは，この女性，アン・ニクソン・クーパーさんが106歳だという点です。

She was born just a generation past slavery; a time when there were no cars on the road or planes in the sky; when someone like her couldn't vote for two reasons—because she was a woman and because of the color of her skin.

And tonight, I think about all that she's seen throughout her century in America—the heartache and the hope; the struggle and the progress; the times we were told that we can't, and the people who pressed on with that American creed: **Yes we can.**

At a time when women's voices were silenced and their hopes dismissed, she lived to see them stand up and speak out and reach for the ballot. Yes we can.

When there was despair in the dust bowl and depression across the land, she saw a nation conquer fear itself with a New Deal, new jobs, a new sense of common purpose. Yes we can.

When the bombs fell on our harbor and tyranny threatened the world, she was there to witness a generation rise to greatness and a democracy was saved. Yes we can.

She was there for the buses in Montgomery, the hoses in Birmingham, a bridge in Selma, and a preacher from Atlanta who told a people that "We Shall Overcome." Yes we can.

A man touched down on the moon, a wall came down in Berlin, a world was connected by our own science and imagination.

彼女が生まれたのは，奴隷制が廃止されたわずか一世代あとのことでした。通りには一台の車もなく，空には一機の飛行機もなかった時代です。そして当時，ふたつの理由により，彼女のような人には投票が認められていませんでした。第一に女性であることが，第二にその肌の色が問題だったのです。

　そして今夜わたしが思い描くのは，彼女がこの国で生きてきた一世紀の間に目にしたあらゆる出来事です。悲嘆と希望，苦闘と前進。われわれにはできないと言われていた時代，そして，アメリカの信念を貫いた人々。**われわれにはできる（イエス・ウィ・キャン）**」と。

　女性の声が封じられ，その希望が退けられていた時代に，女性たちが立ち上がって声を大にし，投票権を手に入れるのを彼女は見てきました。「われわれにはできる（イエス・ウィ・キャン）」のです。

　黄塵地帯（ダストボウル）を絶望が覆い，恐慌が国中を席巻したときも，ニューディール政策や新規雇用，新しい共通の目的意識によって，この国が恐れそのものを克服するのを彼女は見てきました。「われわれにはできる（イエス・ウィ・キャン）」のです。

　わが国の港が爆撃され，暴虐が世界を脅かしたときも，その時代の人々が決起して偉業を成し，民主主義が救われるのを彼女は目撃してきました。「われわれにはできる（イエス・ウィ・キャン）」のです。

　モンゴメリーのバスも，バーミングハムの放水も，セルマの橋も，「勝利をわれらに」と人々に訴えたアトランタ出身の牧師のことも，彼女は見つめてきました。「われわれにはできる（イエス・ウィ・キャン）」のです。

　人類は月面に降り立ち，ベルリンの壁は崩壊し，世界はわれわれの科学と想像力によって結びつきました。

---

[13] **the dust bowl**「黄塵地帯（ダストボウル）」　中西部の草原地帯。1930年代にひどい砂嵐に見舞われた。　　　[20] **the buses in Montgomery**「モンゴメリーのバス」1955年にバス・ボイコット運動が起き，公民権運動の発端ともなった。　**the hoses in Birmingham**「バーミングハムの放水」　1963年に市当局に差別撤廃を求めた黒人たちを高圧ホースの放水で弾圧した事件。　　　[21] **a bridge of Selma**「セルマの橋」1965年に黒人の選挙登録を求める無抵抗のデモ隊や沿道の応援者を警官や州兵が暴力で解散させ，多数の負傷者を出した「血の日曜日事件」の舞台。　**a preacher from Atlanta who told a people that "We Shall Overcome."**「『勝利をわれらに』と人々に訴えたアトランタ出身の牧師」　マーティン・ルーサー・キングを指す。

And this year, in this election, she touched her finger to a screen, and cast her vote, because after 106 years in America, through the best of times and the darkest of hours, she knows how America can change.

Yes we can.

America, we have come so far. We have seen so much. But there is so much more to do. So tonight, let us ask ourselves—if our children should live to see the next century; if my daughters should be so lucky to live as long as Ann Nixon Cooper, what change will they see? What progress will we have made?

This is our chance to answer that call. This is our moment.

This is our time, to put our people back to work and open doors of opportunity for our kids; to restore prosperity and promote the cause of peace; to reclaim the American dream and reaffirm that fundamental truth, that, out of many, we are one; that while we breathe, we hope. And where we are met with cynicism and doubts and those who tell us that we can't, we will respond with that timeless creed that sums up the spirit of a people: Yes, we can.

Thank you. God bless you. And may God bless the United States of America.

そして今年，今回の選挙で，彼女は自らの指で画面に触れて，一票を投じたのです。それは，106 年間このアメリカで，最良の時代もどん底の日々も経てきた彼女には，アメリカが変化できるとわかっているからです。

「われわれにはできる（イエス・ウィ・キャン）」のです。

アメリカよ，われわれは遠い道のりをたどり，多くを見てきました。しかし，成すべきことはまだまだ山のようにあります。ですから今夜，考えてみようではありませんか。もしわれわれの子どもたちが次の世紀まで生き長らえるとしたら，もしわたしの娘たちが幸運にもアン・ニクソン・クーパーさんのような長寿に恵まれるとしたら，どのような変化を目にするでしょうか。われわれはどれだけ進歩しているでしょうか。

今こそ，われわれがその問いに答えるチャンスです。今こそ，時がめぐってきたのです。

今こそ，人々に再び職を提供し，子どもたちに機会の扉を開き，繁栄を取り戻し，平和の大義を推進するべきときなのです。そしてアメリカン・ドリームを再生し，根源的真理を再確認するときなのです。すなわち，多数から成るも，われわれはひとつだ，と。命あるかぎり，希望を抱き続けるのだ，と。そして，冷笑を浴びせられ，懐疑の目を向けられ，われわれにはできないと言う人々に出会ったときには，われわれ国民の精神を端的に語るあの不朽の信念で応じようではありませんか。「われわれにはできる（イエス・ウィ・キャン）」と。

ありがとう。皆さんに神のご加護があらんことを。そしてアメリカ合衆国にも神のご加護がありますように。

松本茂（立教大学教授）
ジョージ・W・ゼーゲルミューラー（ウェイン州立大学特別名誉教授）
柴田裕之（翻訳家）
今泉真紀（翻訳家）

アメリカを動かした演説
リンカーンからオバマまで

2010年6月25日　初版第1刷発行
2011年2月25日　初版第2刷発行

監修者　―――― 松本　茂
解説者　―――― ジョージ・W・ゼーゲルミューラー
訳者　　―――― 柴田裕之
　　　　　　　　今泉真紀
発行者　―――― 小原芳明
発行所　―――― 玉川大学出版部
　　　　　　　〒194-8610 東京都町田市玉川学園6-1-1
　　　　　　　TEL 042-739-8935　FAX 042-739-8940
　　　　　　　http://www.tamagawa.jp/introduction/press/
　　　　　　　振替 00180-7-26665
装幀　　―――― しまうまデザイン
編集協力　―――― 木田賀夫（K's Counter）
印刷・製本　―― 藤原印刷株式会社

乱丁・落丁本はお取り替えいたします。
Ⓒ Shigeru MATSUMOTO 2010　Printed in Japan
ISBN978-4-472-30298-5 C0082 / NDC809
*各章の演説者の写真はWikimedia Commonsの資料を使用しました。

玉川大学出版部の本

英語ディベート　理論と実践
松本茂・鈴木健・青沼智　著

批判的思考力や論理的思考力が重視され、積極的に取り入れられている英語ディベート。実例から、どんな理論を活用したうえで戦術や議論を準備し、論証すべきかを具体的に解説。ディベート教育をリードしてきた著者陣による一冊。
A5判並製・344頁　本体4,500円

大学生のための「読む・書く・プレゼン・ディベート」の方法
松本茂・河野哲也　著

学生生活、社会人生活を知的に送るために必要な4つの基礎力の本質を、正攻法で伝授。テクニックではなく、情報の収集・整理のしかたから主張・議論のしかたまでを、内容・形式両面から実践的に身につける。大学生必携。
A5判並製・160頁　本体1,400円

表示価格は税別です。

玉川大学出版部の本

「小学校英語」指導法ハンドブック

J. ブルースター・G. エリス 著
佐藤久美子 編訳
大久保洋子・杉浦正好・八田玄二 訳

初級レベルの英語を外国語として教えようとする英語教師向けに、そのノウハウを説いた一冊。子どもにどう英語を教えるのか、教材の選びかた、レッスンプラン、クラス運営など、多くの実例を挙げてその指導法を示す。
A5 判並製・384 頁　本体 3,600 円

先生、英語のお話を聞かせて！
――小学校英語「読み聞かせ」ガイドブック

J. ブルースター・G. エリス 著
松香洋子 監訳
八田玄二・加藤佳子 訳

小学校英語の授業で教師が取り入れやすく、日本人にも指導しやすい絵本の「読み聞かせ」。教室でどのように読み聞かせをするのか、その理論から教材の選定、マルチメディアの利用法、評価のしかたまでを具体的に解説する。
B5 判並製・304 頁　本体 3,800 円

表示価格は税別です。

玉川大学出版部の本

学びのティップス
――大学で鍛える思考法

近田政博 著

大学での学習では、自分の頭で考える習慣が必要とされる。大学で学ぶことの意味や、大学の授業や学習に活動に適応する方法、自発的に学ぶ習慣をつける数々のコツ（ティップス）を紹介。新入生のための大学生活スタートガイド。
A5判並製・104頁　本体 1,200 円

大学で勉強する方法
――シカゴ大学テキスト

A. W. コーンハウザー 著
D. M. エナーソン 改訂
山口栄一 訳

シカゴ大学の新入生向けに作成され、数十年にわたって使用されてきた"勉強法"の本。全米の多くの学生が、このルールとアドバイスによって効果的な学習法を身につけた。今すぐ実践できる学習テクニックを簡潔にまとめた頼もしい一冊！
B6判並製・96頁　本体 971 円

表示価格は税別です。